FICHES BAC

Tle S

W0334559

Maths

spécifique & spécialité

Jean-Dominique Picchiottino
Professeur agrégé de mathématiques
au lycée Pasquet (Arles)

Hatier

SOMMAIRE

Conception maquette : **Favre & Lhaïk** • *Édition :* **Catherine Rollet**
Schémas : **Lasergraphie et STDI** • *Mise en pages :* **STDI**

Mener un raisonnement par récurrence

1

QUIZ p. 13

RAPPELS DE COURS

1 Principe de récurrence

▶ Le but d'un raisonnement par récurrence est de prouver qu'une propriété P_n dépendant d'un entier naturel n est vraie pour tout entier de $\mathbb{N}$.
P_n peut être une égalité, une inégalité ou une phrase.

▶ Pour cela, on démontre le caractère **héréditaire** de P_n, c'est-à-dire : si P_n est vraie, alors P_{n+1} reste vraie.
P_{n+1} est la propriété dépendant du descendant – ou successeur – de n.

▶ Il faut aussi s'assurer de l'existence d'un géniteur à tous ces descendants ! C'est pourquoi on vérifie que P_0 (P_n pour $n = 0$) est vraie. C'est l'**initialisation.**

2 Formalisation du principe de récurrence

Soit P_n une propriété dépendant d'un entier naturel n.

Si : a. P_0 est vraie (initialisation)

et **b.** pour tout n de $\mathbb{N}$, P_n est héréditaire, c'est-à-dire :

$$P_n \text{ vraie} \Rightarrow P_{n+1} \text{ vraie}$$

alors : P_n est vraie pour tout n de $\mathbb{N}$.

3 Les étapes d'une démonstration par récurrence

A Initialisation

Si l'on veut démontrer que P_n est vraie pour tout entier naturel au moins égal à 2 par exemple, il suffit de remplacer P_0 par P_2.

B Hérédité

Il faut bien comprendre la démonstration du caractère héréditaire de P_n. C'est l'**implication** « P_n vraie $\Rightarrow$ P_{n+1} vraie » qu'il s'agit de démontrer pour tout entier n.
Pour cela, on choisit un entier naturel n et on suppose que P_n est vraie pour cet entier fixé. On prouve alors que P_n reste vraie lorsqu'on remplace n par $n + 1$, autrement dit que P_{n+1} est vraie.

MÉTHODE

Démontrer par récurrence l'inégalité de Bernoulli

1. Soit a un réel positif. Montrer que, pour tout entier naturel n, $(1+a)^n \geqslant 1+na$.

2. Sans calculatrice, comparer $1{,}001^5$ et $1{,}005$.

Conseils

1. La récurrence porte sur l'entier naturel n. Le nombre a est fixé et ne varie pas lors de la démonstration. N'oubliez pas que, pour tout réel x, on a $x^0 = 1$.

2. Utilisez l'inégalité du **1.** en posant $a = 0{,}001$.

Solution

1. Nommons P_n l'inégalité « $(1+a)^n \geqslant 1+na$ ».

À NOTER ! **On pourrait aussi démontrer l'inégalité en utilisant le développement du binôme de Newton.**

• Initialisation :

Pour $n=0$,

d'une part $(1+a)^0 = 1$ et d'autre part $1+0\times a = 1$.

Par conséquent, on a bien $(1+a)^0 \geqslant 1+0\times a$.

Cette inégalité montre que P_0 est vraie.

• Hérédité : Supposons que P_n soit vraie pour un entier naturel n donné et montrons qu'alors P_{n+1} est vraie.

Nous avons $(1+a)^{n+1} = (1+a)(1+a)^n$.

Or, nous avons supposé que $(1+a)^n \geqslant 1+na$; donc

$(1+a)(1+a)^n \geqslant (1+a)(1+na)$ (car $1+a>0$)

$\Rightarrow (1+a)^{n+1} \geqslant 1+na+a+na^2$.

Puisque $na^2 \geqslant 0$, nous en déduisons après factorisation par a que :

$1+na+a+na^2 \geqslant 1+na+a = 1+(n+1)a$.

Par conséquent, $(1+a)^{n+1} \geqslant 1+(n+1)a$.

Cette inégalité prouve que P_{n+1} est vraie.

Il en résulte que P_n est héréditaire.

• Les deux points précédents montrent par récurrence que l'inégalité P_n est vraie pour tout entier naturel n. Ce qu'il fallait démontrer.

2. En posant $a=0{,}001$ et $n=5$, on a $1{,}001^5 = (1+a)^5$ et $1{,}005 = 1+5a$. Donc $1{,}001^5 > 1{,}005$ d'après **1.**

L'inégalité est stricte car $1{,}001^5 \neq 1{,}005$.

Déterminer la limite d'une suite

2

QUIZ p. 13

RAPPELS DE COURS

1 Suites convergentes

Dire que **u_n tend vers le nombre ℓ** quand n tend vers $+\infty$ signifie que tout intervalle ouvert contenant ℓ contient toutes les valeurs u_n à partir d'un certain rang n_0. On dit alors que la suite **converge** (ou est convergente) (→ RABATS, I). On écrit $\lim\limits_{n\to+\infty} u_n = \ell$.

La limite d'une suite se conçoit toujours quand n tend vers $+\infty$.

2 Suites divergentes

▶ Une suite **divergente** est une suite non convergente.
Il y a deux types de suites divergentes : celles qui tendent vers l'infini et celles qui n'ont pas de limite, comme $(-1)^n$.

▶ Dire que **u_n tend vers $+\infty$** quand n tend vers $+\infty$ signifie que tout intervalle de la forme $]A\,;+\infty[$ (où A est un nombre positif quelconque) contient toutes les valeurs u_n à partir d'un certain rang n_0.
On écrit $\lim\limits_{n\to+\infty} u_n = +\infty$. Donc, pour tout $n \geqslant n_0$, on a : $u_n \geqslant A$.

REMARQUE $\lim\limits_{n\to+\infty} u_n = -\infty$ si et seulement si $\lim\limits_{n\to+\infty} (-u_n) = +\infty$.

3 Conséquences et propriétés

▶ La limite d'une suite, lorsqu'elle existe, est unique.

▶ Si une suite est positive et convergente, alors sa limite est positive.

▶ Si une suite (u_n) est **croissante** et converge vers un nombre ℓ, alors $u_n \leqslant \ell$ à partir d'un certain rang n_0.

▶ Si on a $u_n \leqslant v_n$ à partir d'un certain rang n_0 et si $\lim\limits_{n\to+\infty} u_n = +\infty$, alors $\lim\limits_{n\to+\infty} v_n = +\infty$.

4 Limites des suites géométriques de la forme q^n

Soit q un nombre réel différent de 0 et de 1. La suite géométrique q^n :
- converge vers 0 si et seulement si $-1 < q < 1$;
- diverge vers $+\infty$ si et seulement si $q > 1$;
- n'a pas de limite si et seulement si $q \leqslant -1$.

MÉTHODE

Utiliser la limite d'une suite pour déterminer un rang

Montrer qu'il existe un entier naturel n_0 tel que, pour tout $n \geqslant n_0$, $\left(\frac{1}{2}\right)^n < 10^{-6}$ et en donner une valeur.

CONSEILS

- Pour justifier l'existence de n_0, on utilise la convergence de la suite $\left(q^n\right)$.
- Pour trouver une valeur de n_0, utilisez la fonction logarithme.

SOLUTION

- Puisque l'on a $-1 < \frac{1}{2} < 1$, alors $\lim\limits_{n \to +\infty} \left(\frac{1}{2}\right)^n = 0$.

L'intervalle ouvert $\left]-10^{-6} ; 10^{-6}\right[$ contient 0. Par conséquent, tous les termes de la suite $\left(\frac{1}{2}\right)^n$ appartiennent à cet intervalle à partir d'un certain rang n_0. C'est pourquoi on a, pour tout $n \geqslant n_0$, $-10^{-6} < \left(\frac{1}{2}\right)^n < 10^{-6}$ et donc $\left(\frac{1}{2}\right)^n < 10^{-6}$.

- Pour $n \geqslant n_0$, on a $0 < \left(\frac{1}{2}\right)^n < 10^{-6}$,

d'où $n \ln \frac{1}{2} < -6 \ln 10$

et $n > \dfrac{-6 \ln 10}{\ln \frac{1}{2}}$

ATTENTION ! $\ln \frac{1}{2} < 0$

Puisque $\ln \frac{1}{2} = -\ln 2$, on trouve $n > \dfrac{6 \ln 10}{\ln 2}$ $(\simeq 19{,}9)$.

En conséquence, on peut choisir $n_0 = 20$ et donc, pour tout $n \geqslant 20$, on a $\left(\frac{1}{2}\right)^n < 10^{-6}$.

REMARQUE On aurait pu programmer la fonction $0{,}5^x$ à la calculatrice et, avec la table des valeurs, constater que $0{,}5^{19} \approx 1{,}9 \times 10^{-6}$ et $0{,}5^{20} \approx 9{,}5 \times 10^{-7}$ puis conclure.

Appliquer les théorèmes sur les limites

3

QUIZ p. 13

RAPPELS DE COURS

Pour calculer $\lim\limits_{n \to +\infty} (u_n + v_n)$, $\lim\limits_{n \to +\infty} \frac{u_n}{v_n}$, etc. on utilise les mêmes théorèmes que pour les fonctions, notamment au sujet des formes indéterminées. (→ FICHE 7)

1 Théorème des gendarmes (ou d'encadrement)

Soit (u_n), (v_n) et (w_n) trois suites telles que, à partir d'un certain rang, $u_n \leqslant v_n \leqslant w_n$.

▶ Si (u_n) et (w_n) convergent toutes les deux vers le même réel ℓ, alors (v_n) converge aussi vers ℓ.

Remarque Si, à partir d'un certain rang, on a $0 \leqslant |u_n - \ell| \leqslant v_n$ et si $\lim\limits_{n \to +\infty} v_n = 0$, alors la suite (u_n) converge et $\lim\limits_{n \to +\infty} u_n = \ell$.
En effet, $\lim\limits_{n \to +\infty} |u_n - \ell| = 0 \Leftrightarrow \lim\limits_{n \to +\infty} u_n = \ell$.

▶ Dans le cas où l'une des suites encadrantes tend vers l'infini ($+\infty$ ou $-\infty$), on se contente d'une seule des deux inégalités :

- Si $\lim\limits_{n \to +\infty} u_n = +\infty$ alors $\lim\limits_{n \to +\infty} v_n = +\infty$.
- Si $\lim\limits_{n \to +\infty} w_n = -\infty$ alors $\lim\limits_{n \to +\infty} v_n = -\infty$.

2 Théorèmes de convergence monotone

▶ Dire que (u_n) est **majorée** (resp. minorée) par un réel M (resp. m) signifie que, pour tout n de $\mathbb{N}$, $u_n \leqslant M$ (resp. $m \leqslant u_n$).

▶ Dire que (u_n) est **bornée** signifie que la suite est à la fois majorée et minorée, c'est-à-dire qu'il existe un réel k tel que, pour tout n de $\mathbb{N}$, $|u_n| \leqslant k$.

▶ **Théorèmes de convergence** :

- Toute suite croissante et majorée converge.
- Toute suite décroissante et minorée converge.
- Toute suite monotone et bornée converge.

À NOTER ! Toute suite croissante non majorée tend vers $+\infty$ et toute suite décroissante non minorée tend vers $-\infty$.

MÉTHODE

Étudier la convergence d'une suite

On considère une suite (u_n) définie par $u_0 = 2$ et vérifiant, pour tout n de $\mathbb{N}$, $0 \leqslant u_{n+1} - 1 \leqslant \frac{1}{2}(u_n - 1)$.

Étudier la convergence de (u_n).

CONSEIL

Prouvez par récurrence que $|u_{n+1} - 1| \leqslant \left(\frac{1}{2}\right)^{n+1} \times k$ où $k \in \mathbb{R}^{+*}$.

SOLUTION

- Démontrons par récurrence que, pour tout entier naturel n, $0 \leqslant |u_n - 1| \leqslant \left(\frac{1}{2}\right)^n$, double inégalité notée P_n.

Initialisation : $0 \leqslant |u_0 - 1| \leqslant \left(\frac{1}{2}\right)^0$ puisque $|u_0 - 1| = 1$ et $\left(\frac{1}{2}\right)^0 = 1$. Donc P_0 est vraie.

Hérédité : Soit n un entier naturel fixé.

Supposons que $0 \leqslant |u_n - 1| \leqslant \left(\frac{1}{2}\right)^n$ et montrons qu'alors $0 \leqslant |u_{n+1} - 1| \leqslant \left(\frac{1}{2}\right)^{n+1}$.

D'après l'énoncé, on a $u_{n+1} - 1 \leqslant \frac{1}{2} \times (u_n - 1)$.

On en déduit que $0 \leqslant |u_{n+1} - 1| \leqslant \frac{1}{2}|u_n - 1| \leqslant \frac{1}{2} \times \left(\frac{1}{2}\right)^n$, donc $0 \leqslant |u_{n+1} - 1| \leqslant \left(\frac{1}{2}\right)^{n+1}$.

Par conséquent, P_{n+1} est vraie, ce qu'il fallait démontrer.

Conclusion : Pour tout entier naturel n, $0 \leqslant |u_n - 1| \leqslant \left(\frac{1}{2}\right)^n$.

- Puisque $\lim\limits_{n \to +\infty} \left(\frac{1}{2}\right)^n = 0$, on en déduit par le théorème des gendarmes que $\lim\limits_{n \to +\infty} |u_n - 1| = 0$ et donc que $\lim\limits_{n \to +\infty} u_n = 1$.

Il s'ensuit que la suite (u_n) converge vers 1.

MÉTHODES

Calculer la somme des termes d'une suite

On considère l'algorithme suivant où figure une boucle TANT QUE.

```
VARIABLES          k, n et s sont des entiers naturels
ENTRÉE             Demander à l'utilisateur la valeur de n
INITIALISATION     Affecter à s la valeur 0
                   Affecter à k la valeur 1
TRAITEMENT         TANT QUE k ⩽ n
                       Affecter à s la valeur s + k^3
                       Affecter à k la valeur k + 1
                   Fin de TANT QUE
SORTIE             Afficher s
```

1. a. Que calcule l'algorithme ?

b. Donner la valeur affichée par l'algorithme lorsque l'utilisateur entre la valeur $n = 3$.

2. Voici les résultats donnés par l'algorithme pour n de 1 à 5.

n	1	2	3	4	5
Sortie	1	9	36	100	225

Que peut-on conjecturer sur la nature de la somme $\sum_{k=1}^{n} k^3$?

CONSEILS

1. Il suffit de suivre pas à pas le cheminement de l'algorithme.

2. Les sorties sont les carrés de nombres entiers.

SOLUTION

1. a. L'algorithme calcule la somme des cubes des entiers de 1 à n.

b. Lorsque l'utilisateur entre la valeur 3, l'algorithme affiche 36 car $1^3 + 2^3 + 3^3 = 36$.

2. On peut conjecturer que $\sum_{k=1}^{n} k^3$ est un carré parfait.

$\left(\sum_{k=1}^{n} k^3 = \left(\frac{n(n+1)}{2}\right)^2\right.$, que l'on démontre par récurrence.$\left.\right)$

Afficher des termes consécutifs d'une suite

L'algorithme suivant permet d'afficher des termes consécutifs d'une suite arithmético-géométrique, c'est-à-dire du type $u_{n+1} = au_n + b$. Il utilise la boucle Pour.

```
1  VARIABLES          i est un entier naturel
2                     u et u0 sont des nombres réels
3  ENTRÉE             Demander à l'utilisateur la valeur de u0
4  INITIALISATION     Affecter à u la valeur u0
5  TRAITEMENT         POUR i variant de 1 à 10
6                         Affecter à u la valeur 0,5u – 1
7  SORTIE                 Afficher u
8                     Fin POUR
```

1. Identifier a et b.
2. Quels sont les termes de la suite affichés par l'algorithme ?
3. Que se passe-t-il si $u_0 = -2$?
4. Que faudrait-il changer pour que l'algorithme affiche aussi u_0 ?

Conseils

Le premier nombre affiché est u_1 car c'est l'utilisateur qui fournit le nombre u_0. La variable u contient successivement les valeurs calculées u_1, u_2, etc. qui sont affichées.

Solution

1. De l'instruction Affecter à *u* la valeur 0,5*u* – 1, on déduit que $a = 0{,}5$ et $b = -1$.

2. Comme on a Pour *i* variant de 1 à 10, l'algorithme affiche les termes de u_1 à u_{10}.

3. Si $u_0 = -2$, alors la suite est constante :
$u_1 = 0{,}5 \times (-2) - 1 = -2 = u_0$, etc.

4. Il suffit d'ajouter la ligne Afficher *u* entre la ligne 4 et la ligne 5.

Remarque On peut démontrer que si $u_0 < -2$, la suite est décroissante et, si $u_0 > -2$, elle est croissante.

À noter ! On peut également démontrer par récurrence que, pour tout $n \in \mathbb{N}$,

$$u_n = (u_0 + 2)\left(\frac{1}{2}\right)^n - 2.$$

Quiz express

Cochez la ou les bonnes réponses.

5

Suites numériques

1 Les opérations sur les limites

On considère une suite (u_n). Alors :

☐ **a.** $\lim\limits_{n\to+\infty} u_n = +\infty \Rightarrow \lim\limits_{n\to+\infty} \dfrac{1}{u_n} = 0$

☐ **b.** $\lim\limits_{n\to+\infty} u_n = 0 \Rightarrow \lim\limits_{n\to+\infty} \dfrac{1}{u_n} = +\infty$

☐ **c.** $\lim\limits_{n\to+\infty} u_n = 0$ et $\lim\limits_{n\to+\infty} v_n = 0 \Rightarrow \lim\limits_{n\to+\infty} \dfrac{u_n}{v_n} = 0$

2 Les suites convergentes

On considère une suite (u_n) convergeant vers un réel ℓ. Alors :

☐ **a.** (u_n) est bornée.

☐ **b.** $\left(\dfrac{1}{u_n}\right)$ converge.

☐ **c.** $(-1)^n u_n$ converge.

3 Les suites divergentes

On considère deux suites divergentes (u_n) et (v_n). Alors :

☐ **a.** la suite $(u_n + v_n)$ est divergente.

☐ **b.** la suite $\left(\dfrac{1}{u_n}\right)$ est convergente.

☐ **c.** il est possible que (u_n) soit bornée.

4 Les suites géométriques

On considère une suite géométrique (u_n) de raison q.

☐ **a.** Il est possible que $\lim\limits_{n\to+\infty} u_n$ n'existe pas.

☐ **b.** Si $q > 1$, $\lim\limits_{n\to+\infty} u_n = +\infty$.

5 Le théorème des gendarmes

☐ **a.** $\lim\limits_{n\to+\infty} (-1)^n + n = +\infty$

☐ **b.** $\lim\limits_{n\to+\infty} \dfrac{(-1)^n}{n} = 0$

☐ **c.** $u_n \leqslant n \Rightarrow \lim\limits_{n\to+\infty} u_n = -\infty$

Corrigés

Score : ... / 5

1 *Les opérations sur les limites*

Fiche 3

a. Vrai. Utiliser les théorèmes sur les limites de fonctions.

b. Faux. On peut aussi avoir $\lim\limits_{n\to+\infty} \frac{1}{u_n} = -\infty$.

c. Faux. « $\frac{0}{0}$ » est une forme indéterminée.

2 *Les suites convergentes*

Fiche 2

a. Vrai. Toute suite convergente est bornée.

b. Faux. Ce serait vrai si $\ell \neq 0$.

c. Faux. Si $u_n = 1 + \frac{1}{n}$ alors $\lim\limits_{n\to+\infty} u_n = 1$ mais $(-1)^n u_n$ oscille autour de -1 et 1 pour n assez grand.

3 *Les suites divergentes*

Fiche 2

a. Faux. Si $u_n = (-1)^n$ et $v_n = (-1)^{n+1}$ alors $u_n + v_n = 0$, donc cette suite converge.

b. Faux. Pour $u_n = (-1)^n$ par exemple, on a $\frac{1}{u_n} = u_n$ qui ne converge pas.

c. Vrai. C'est le cas pour $u_n = (-1)^n$ par exemple.

4 *Les suites géométriques*

Fiche 2

a. Vrai. Si la raison est -2 et le premier terme 1, alors $u_n = (-2)^n$ et u_n n'a pas de limite.

b. Vrai.

5 *Le théorème des gendarmes*

Fiche 3

a. Vrai. Pour tout $n \in \mathbb{N}$: $(-1)^n + n \geqslant n - 1$.

$\lim\limits_{n\to+\infty} n - 1 = +\infty \Rightarrow \lim\limits_{n\to+\infty} (-1)^n + n = +\infty$.

b. Vrai. Pour tout $n \in \mathbb{N}^*$: $-\frac{1}{n} \leqslant \frac{(-1)^n}{n} \leqslant \frac{1}{n}$.

Or $\lim\limits_{n\to+\infty} \frac{1}{n} = 0$ et $\lim\limits_{n\to+\infty} -\frac{1}{n} = 0$ donc $\lim\limits_{n\to+\infty} \frac{(-1)^n}{n} = 0$.

c. Faux. Si $u_n = \frac{1}{n}$, alors $u_n \leqslant n$ et $\lim\limits_{n\to+\infty} u_n = 0$.

Déterminer les limites d'une fonction

6

QUIZ p. 25

RAPPELS DE COURS

On étudie les limites des fonctions en x_0, celui-ci pouvant être un nombre réel, $-\infty$ ou $+\infty$.

1 *Limite d'une somme et d'un produit de fonctions*

<table>
<tr><th colspan="2">Valeur de la limite de</th><th colspan="2">Limite éventuelle de</th></tr>
<tr><th>f</th><th>g</th><th>$f+g$</th><th>$f \times g$</th></tr>
<tr><td>ℓ</td><td>ℓ'</td><td>$\ell+\ell'$</td><td>$\ell \times \ell'$</td></tr>
<tr><td>$\ell \neq 0$</td><td>$+\infty$ ou $-\infty$</td><td rowspan="2">$+\infty$ ou $-\infty$</td><td>$+\infty$ ou $-\infty$
selon la règle des signes*</td></tr>
<tr><td>0</td><td>$+\infty$ ou $-\infty$</td><td>Forme indéterminée
(→ FICHE 7)</td></tr>
<tr><td>$+\infty$ ou $-\infty$</td><td>$+\infty$ ou $-\infty$</td><td>Forme indéterminée</td><td>$+\infty$ ou $-\infty$
selon la règle des signes*</td></tr>
</table>

* Par exemple $(-1) \times (+\infty) = -\infty = 3 \times (-\infty)$, $\dfrac{-2}{0^+} = -\infty$, etc.

2 *Limite d'un quotient de fonctions*

<table>
<tr><th colspan="2">Valeur de la limite de</th><th rowspan="2">Limite éventuelle de $\dfrac{f}{g}$</th></tr>
<tr><th>f</th><th>g</th></tr>
<tr><td>ℓ</td><td>$\ell' \neq 0$</td><td>$\dfrac{\ell}{\ell'}$</td></tr>
<tr><td>$\ell \neq 0$</td><td>0</td><td>$+\infty$ ou $-\infty$ selon la règle des signes*</td></tr>
<tr><td>ℓ</td><td>$+\infty$ ou $-\infty$</td><td>0</td></tr>
<tr><td>0</td><td>0</td><td rowspan="2">Forme indéterminée (→ FICHE 7)</td></tr>
<tr><td>$+\infty$ ou $-\infty$</td><td>$+\infty$ ou $-\infty$</td></tr>
<tr><td>$+\infty$ ou $-\infty$
ou $\ell \neq 0$</td><td>0</td><td>$+\infty$ ou $-\infty$ selon la règle des signes*</td></tr>
</table>

REMARQUE Si $f(x) = 1$ et $g(x) = x$, ces formules donnent les limites de la fonction inverse :

$$\lim_{x \to +\infty} \frac{1}{x} = \lim_{x \to -\infty} \frac{1}{x} = 0,\ \lim_{x \to 0^+} \frac{1}{x} = +\infty \text{ et } \lim_{x \to 0^-} \frac{1}{x} = -\infty.$$

3 Composition des limites

▶ Soit ℓ un nombre réel. Dans des conditions convenables, si $\lim\limits_{x \to x_0} g(x) = \ell$, alors $\lim\limits_{x \to x_0} f \circ g(x) = f(\ell)$.

▶ Si $\lim\limits_{x \to x_0} g(x) = +\infty$, alors $\lim\limits_{x \to x_0} f \circ g(x) = \lim\limits_{x \to +\infty} f(x)$.

▶ La même règle s'applique en $-\infty$.

MÉTHODE

Calculer la limite d'une fonction

On considère la fonction f définie par $f(x) = ax + 2 + \dfrac{b}{x-1}$ où a et b sont réels.

Examiner la limite éventuelle de $f(x)$ quand x tend vers 1.

Conseil

Examinez le cas où x tend vers 1^- et le cas où x tend vers 1^+ en considérant $b \neq 0$ et $b = 0$.

Solution

- Si $b > 0$:

Si $x \to 1^-$, alors :

$x - 1 \to 0^- \Rightarrow \dfrac{b}{x-1} \to -\infty$ par quotient ;

et $ax + 2 \to a + 2$.

Donc $\lim\limits_{x \to 1^-} f(x) = -\infty$ par somme.

Si $x \to 1^+$, alors :

$x - 1 \to 0^+ \Rightarrow \dfrac{b}{x-1} \to +\infty$ par quotient ;

et $ax + 2 \to a + 2$.

Donc $\lim\limits_{x \to 1^+} f(x) = +\infty$ par somme.

- Dans le cas $b < 0$, on trouve de la même manière : $\lim\limits_{x \to 1^-} f(x) = +\infty$ et $\lim\limits_{x \to 1^+} f(x) = -\infty$.
- Si $b = 0$, alors $f(x) = ax + 2 \Rightarrow \lim\limits_{x \to 1} f(x) = a + 2$.

QUIZ p. 25

RAPPELS DE COURS

1 Formes indéterminées

Dans ce qui suit, $x_0 \in \mathbb{R}$ ou $x_0 = -\infty$ ou $x_0 = +\infty$.

$\lim\limits_{x \to x_0} f(x) =$	$\lim\limits_{x \to x_0} g(x) =$	On ne peut rien savoir sur :
$+\infty$	$-\infty$	$\lim\limits_{x \to x_0} [f(x)+g(x)]$
$+\infty$	$+\infty$ ou $-\infty$	$\lim\limits_{x \to x_0} \dfrac{f(x)}{g(x)}$
0	$+\infty$ ou $-\infty$	$\lim\limits_{x \to x_0} [f(x) \times g(x)]$
0	0	$\lim\limits_{x \to x_0} \dfrac{f(x)}{g(x)}$

On appelle **formes indéterminées** les expressions « $+\infty + (-\infty)$ » ; « $0 \times \infty$ » ; « $\dfrac{\infty}{\infty}$ » et « $\dfrac{0}{0}$ ». Bien entendu, ces écritures ne sont que des moyens mnémotechniques.

REMARQUE Quand $g(x)$ tend vers 0 et $f(x)$ tend vers $\ell \neq 0$, le quotient $\dfrac{f(x)}{g(x)}$ tend nécessairement vers $+\infty$ ou $-\infty$, même si ℓ est infinie. Ce n'est donc pas une forme indéterminée.

2 Techniques pour lever des indéterminations

▶ Si $f(x)$ est un polynôme, la limite de $f(x)$ quand x tend vers $+\infty$ ou $-\infty$ (et uniquement dans ce cas) est égale à la limite de son monôme de plus haut degré.

▶ Si $f(x)$ est une fonction rationnelle (quotient de deux polynômes), la limite de $f(x)$ quand x tend vers $+\infty$ ou $-\infty$ est égale à la limite du quotient des monômes de plus haut degré.

▶ Dans le cas de quotients, quand x tend vers une valeur « interdite » x_0, il faut souvent étudier les limites quand x tend vers x_0 à gauche (x_0^-) et à droite (x_0^+) du numérateur et du dénominateur.

MÉTHODE

Déterminer les limites d'une fraction rationnelle

Calculer les limites de $f(x) = \dfrac{3x^2 - 5x + 1}{-x^2 + x + 2}$ aux bornes de son ensemble de définition.

CONSEIL

Pour déterminer la limite éventuelle quand x tend vers une valeur interdite x_0, il est nécessaire de déterminer le signe du dénominateur.

SOLUTION

$f(x)$ est définie si et seulement si $-x^2 + x + 2 \neq 0$. Le calcul du discriminant fournit les solutions -1 et 2.

Donc $\mathscr{D}_f = \mathbb{R} - \{-1, 2\} =]-\infty, -1[\cup]-1, 2[\cup]2, +\infty[$.

- $\lim\limits_{x \to -\infty} f(x) = \lim\limits_{x \to -\infty} \dfrac{3x^2}{-x^2} = \lim\limits_{x \to -\infty} (-3) \Rightarrow \lim\limits_{x \to -\infty} f(x) = -3$

De façon analogue : $\lim\limits_{x \to +\infty} f(x) = \lim\limits_{x \to +\infty} (-3) \Rightarrow \lim\limits_{x \to +\infty} f(x) = -3$

- Tableau de signes de $-x^2 + x + 2$:

x	$-\infty$		-1		2		$+\infty$
$-x^2 + x + 2$		$-$	0	$+$	0	$-$	

Quand $x \to (-1)^-$: x est proche de -1 et inférieur à -1, donc $-x^2 + x + 2 < 0$.

$$\left.\begin{array}{l} 3x^2 - 5x + 1 \to 9 \\ -x^2 + x + 2 \to 0^- \end{array}\right\} \Rightarrow \lim_{x \to (-1)^-} f(x) = -\infty \text{ par quotient.}$$

Quand $x \to (-1)^+$: x est proche de -1 et supérieur à -1, alors $-x^2 + x + 2 > 0$.

$$\left.\begin{array}{l} 3x^2 - 5x + 1 \to 9 \\ -x^2 + x + 2 \to 0^+ \end{array}\right\} \Rightarrow \lim_{x \to (-1)^+} f(x) = +\infty \text{ par quotient.}$$

Quand $x \to 2^-$: x est proche de 2 et inférieur à 2, alors $-x^2 + x + 2 > 0$.

$$\left.\begin{array}{l} 3x^2 - 5x + 1 \to 3 \\ -x^2 + x + 2 \to 0^+ \end{array}\right\} \Rightarrow \lim_{x \to 2^-} f(x) = +\infty \text{ par quotient.}$$

De même, on obtient $\lim\limits_{x \to 2^+} f(x) = -\infty$ par quotient.

Déterminer la limite d'une fonction par comparaison

8

QUIZ p. 25

RAPPELS DE COURS

Dans la suite, x_0 désigne un nombre réel ou $-\infty$ ou $+\infty$.

1 Signe de la limite

Si une fonction est positive au voisinage de x_0, alors sa limite quand x tend vers x_0 est aussi positive.

CONSÉQUENCE Si, au voisinage de x_0, on a $f(x) \leqslant g(x)$ alors, si les limites existent et sont finies : $\lim\limits_{x \to x_0} f(x) \leqslant \lim\limits_{x \to x_0} g(x)$.

Démonstration : On utilise ce qui précède avec la fonction $g(x) - f(x)$ qui est positive.

Donc $\lim\limits_{x \to x_0} \left(g(x) - f(x)\right) \geqslant 0 \Rightarrow \lim\limits_{x \to x_0} g(x) \geqslant \lim\limits_{x \to x_0} f(x)$.

REMARQUE Si $g(x) = k$ (constante), alors :

$f(x) \leqslant k \Rightarrow \lim\limits_{x \to x_0} f(x) \leqslant k$.

2 Théorème des gendarmes

▶ Trois fonctions f, g, h vérifient $f(x) \leqslant g(x) \leqslant h(x)$ au voisinage de x_0.

Si $\lim\limits_{x \to x_0} f(x) = \lim\limits_{x \to x_0} h(x) = \ell$ ($\ell \in \mathbb{R}$), alors $\lim\limits_{x \to x_0} g(x) = \ell$.

REMARQUE Les fonctions f et h sont les deux gendarmes qui contraignent g à adopter le même comportement qu'elles.

▶ On utilise le théorème précédent dans le cas particulier suivant :
Si $|f(x) - \ell| \leqslant h(x)$ et si $\lim\limits_{x \to x_0} h(x) = 0$, alors $\lim\limits_{x \to x_0} f(x) = \ell$.

3 Théorème de comparaison

Deux fonctions f et g vérifient, au voisinage de x_0, $f(x) \leqslant g(x)$.

1. $\lim\limits_{x \to x_0} f(x) = +\infty \Rightarrow \lim\limits_{x \to x_0} g(x) = +\infty$
2. $\lim\limits_{x \to x_0} g(x) = -\infty \Rightarrow \lim\limits_{x \to x_0} f(x) = -\infty$

MÉTHODE

Déterminer la limite d'une fonction en l'encadrant

1. Montrer que $x\cos\left(\frac{1}{x}\right)$ a une limite finie quand x tend vers 0.

2. On considère la fonction f définie par $f(x) = x + \sin x$.
A-t-elle une limite quand x tend vers $+\infty$? vers $-\infty$?

CONSEILS

1. Encadrez $\left|x\cos\left(\frac{1}{x}\right)\right|$ et utilisez le théorème des gendarmes.

2. Il suffit de minorer et majorer la fonction f.

SOLUTION

1. Pour tout $x \neq 0$, on a :

$$\left|\cos\left(\frac{1}{x}\right)\right| \leqslant 1 \Rightarrow |x|\left|\cos\left(\frac{1}{x}\right)\right| \leqslant |x| \Rightarrow 0 \leqslant \left|x\cos\left(\frac{1}{x}\right)\right| \leqslant |x|$$

Comme $\lim\limits_{x\to 0}|x| = 0$, $\lim\limits_{x\to 0} x\cos\left(\frac{1}{x}\right) = 0$ d'après le théorème des gendarmes.

2. On sait que, pour tout $x \in \mathbb{R}$, $-1 \leqslant \sin x \leqslant 1$.

C'est pourquoi $x - 1 \leqslant x + \sin x \leqslant x + 1$.

Puisque $\lim\limits_{x\to+\infty} x - 1 = +\infty$, le théorème de comparaison prouve que $\lim\limits_{x\to+\infty} f(x) = +\infty$.

De même, $\lim\limits_{x\to-\infty} x + 1 = -\infty$ d'où $\lim\limits_{x\to-\infty} f(x) = -\infty$.

La figure ci-contre montre la fonction f ainsi que les deux gendarmes en pointillés.

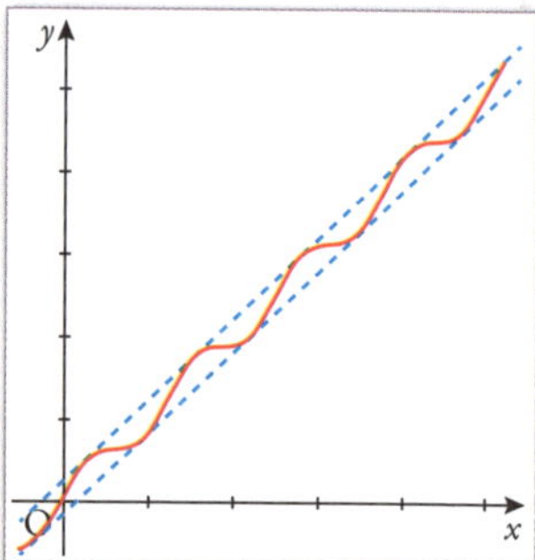

REMARQUES

- L'étude précédente montre que si, quand x tend vers x_0, une fonction g (ici $g(x) = x$) a une limite et h (ici $h(x) = \sin x$) n'en a pas, il est possible que $g + h$ en ait une.
- On montrerait de même que :
$\lim\limits_{x\to+\infty} x + \cos x = +\infty$ et $\lim\limits_{x\to-\infty} x + \cos x = -\infty$.

Étudier le comportement asymptotique

9

QUIZ p. 25

RAPPELS DE COURS

1 *Définition*

Dire que la droite $\mathcal{D}$ d'équation $y = ax + b$ est **asymptote** à une courbe $\mathcal{C}_f$ (d'équation $y = f(x)$) en $+\infty$ (ou $-\infty$) signifie que la distance $\left|f(x) - (ax + b)\right|$ entre la courbe $\mathcal{C}_f$ et la droite $\mathcal{D}$ tend vers 0 quand x tend vers $+\infty$ (ou $-\infty$).

2 *Cas particuliers*

- Dire que la droite d'équation $y = ax + b$ est asymptote à $\mathcal{C}_f$ en $+\infty$ signifie qu'il est possible d'écrire $f(x) = ax + b + g(x)$ où g est une fonction tendant vers 0 quand x tend vers $+\infty$.
Il en est de même en $-\infty$.
- Si $a = 0$, l'asymptote est parallèle à l'axe des abscisses (asymptote horizontale).

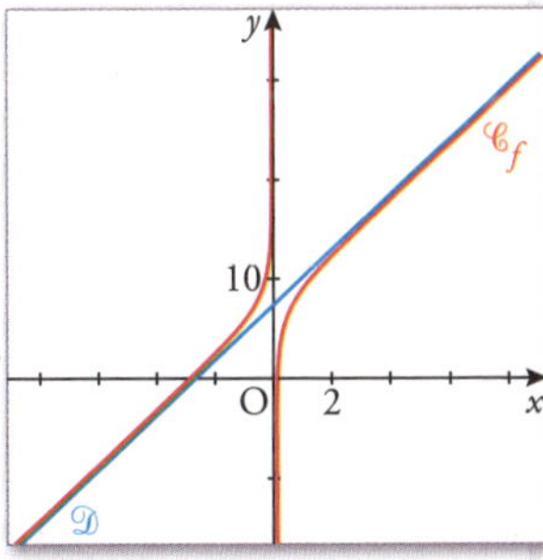

- Dire que la droite d'équation $x = x_0$ est asymptote à $\mathcal{C}_f$ signifie que $\lim\limits_{x \to x_0} f(x) = \pm\infty$ ou $\lim\limits_{x \to x_0^+} f(x) = \pm\infty$ ou $\lim\limits_{x \to x_0^-} f(x) = \pm\infty$.
L'asymptote est alors parallèle à l'axe des ordonnées.

3 *Asymptotes en $-\infty$, en $+\infty$ et en x_0*

▶ Quand x tend vers $-\infty$ ou $+\infty$, il y a trois cas :

1. Si la limite de f est infinie, il est possible que $\mathcal{C}_f$ ait une asymptote oblique (mais ce n'est pas certain : par exemple si $f(x) = x^2$).

2. Si la limite est finie (ℓ), $\mathcal{C}_f$ a une asymptote horizontale dont l'équation est $y = \ell$.

3. Si la limite n'existe pas, $\mathcal{C}_f$ n'a pas d'asymptote.

EXEMPLE Si $f(x) = x \sin x$, $\mathcal{C}_f$ n'a pas d'asymptote car $f(x)$ change constamment de signe quand x tend vers $+\infty$, ou $-\infty$.

▶ Quand x tend vers une valeur « interdite » x_0, la courbe peut avoir une asymptote verticale d'équation $x = x_0$, mais ce n'est pas toujours le cas.

EXEMPLE Pour $f(x) = x \ln x$, $\mathscr{C}_f$ n'a pas d'asymptote en 0 car $\lim\limits_{x \to 0^+} f(x) = 0$.

MÉTHODE

Déterminer l'équation d'une asymptote

1. Trouver l'asymptote oblique à la courbe $\mathscr{C}_f$ d'équation $f(x) = 2x + 4 - \dfrac{\sin x}{x}$.

2. Démontrer que $\mathscr{C}_f$ coupe une infinité de fois son asymptote.

CONSEIL

1. On démontrera notamment que $\lim\limits_{x \to +\infty} \dfrac{\sin x}{x} = \lim\limits_{x \to -\infty} \dfrac{\sin x}{x} = 0$.

SOLUTION

1. Pour tout x, on a $|\sin x| \leqslant 1$. Donc, pour tout $x \neq 0$:

$\left|\dfrac{\sin x}{x}\right| = \dfrac{|\sin x|}{|x|} \leqslant \dfrac{1}{|x|}$. En outre : $\lim\limits_{x \to +\infty} \dfrac{1}{|x|} = 0$, donc, d'après le théorème des gendarmes, $\lim\limits_{x \to +\infty} \dfrac{\sin x}{x} = 0$.

Par ailleurs, $f(x) - (2x + 4) = \dfrac{\sin x}{x}$.

Il en résulte que $\lim\limits_{x \to +\infty} \big(f(x) - (2x + 4)\big) = 0$.

Cela prouve que la droite d'équation $y = 2x + 4$ est asymptote à $\mathscr{C}_f$ en $+\infty$. Un raisonnement analogue montre qu'elle est aussi asymptote à $\mathscr{C}_f$ en $-\infty$.

En conclusion, $\mathscr{C}_f$ a une asymptote oblique en $-\infty$ et en $+\infty$ d'équation $y = 2x + 4$.

2. Les points d'intersection de $\mathscr{C}_f$ et $\mathscr{D}$ sont les solutions de l'équation $f(x) = 2x + 4$, équivalente à $\dfrac{\sin x}{x} = 0$ donc $\sin x = 0$.

Cette équation a une infinité de solutions qui sont les nombres de la forme $k\pi$ où $k \in \mathbb{Z}^*$. Cela prouve que $\mathscr{C}_f$ coupe une infinité de fois son asymptote oblique.

MÉTHODES

Étudier une fonction définie par morceaux

L'algorithme suivant permet d'afficher les valeurs d'une fonction f. Il contient un test conditionnel Si … Alors … Sinon.

```
VARIABLES      x et fdex sont des nombres réels
ENTRÉE         Demander à l'utilisateur la valeur de x
TRAITEMENT     Si x < 2 Alors
                   Affecter à fdex la valeur (x + 2) / x
               Sinon
                   Affecter à fdex la valeur x + 2 / x
               Fin Si
SORTIE         Afficher x
               Afficher fdex
```

1. Déterminer la fonction f.

2. a. Quel est l'ensemble de définition de f ?

b. Calculer $f(2)$.

3. Calculer $\lim\limits_{x \to -\infty} f(x)$ et $\lim\limits_{x \to +\infty} f(x)$.

CONSEILS

1. Prenez bien en compte les parenthèses.

3. Choisissez l'expression de $f(x)$ selon que x tend vers $-\infty$ ou $+\infty$.

SOLUTION

1. Si $x < 2$, alors $f(x) = \dfrac{x+2}{x} = 1 + \dfrac{2}{x}$.

Si $x \geqslant 2$, alors $f(x) = x + \dfrac{2}{x}$.

2. a. D'après la définition de $f(x)$, on trouve $D_f = \mathbb{R}^*$.

b. $f(2) = 2 + \dfrac{2}{2} = 3$. On a utilisé la deuxième expression de $f(x)$.

3. Quand x tend vers $-\infty$, x prend des valeurs inférieures à 2.

Donc $\lim\limits_{x \to -\infty} f(x) = \lim\limits_{x \to -\infty} \left(1 + \dfrac{2}{x}\right) = 1 + \lim\limits_{x \to -\infty} \dfrac{2}{x} = 1$ par somme.

De même, $\lim\limits_{x \to +\infty} f(x) = \lim\limits_{x \to +\infty} x + \dfrac{2}{x} = +\infty$ par somme.

Étudier la limite d'une fonction trigonométrique

La fonction sinus n'a pas de limite quand x tend vers $+\infty$. Pour le prouver, on se donne un nombre $a > 0$ et on utilise l'algorithme suivant. Il affiche le plus petit entier naturel n tel qu'il existe deux suites u_n et v_n vérifiant $u_n > a$, $v_n > a$ et $\sin(u_n) = -\sin(v_n) = 1$.

```
VARIABLES        a et u sont des nombres réels
                 n est un entier naturel
INITIALISATION   Affecter à n la valeur 0
                 Affecter à u la valeur -π/2
ENTRÉE           Demander à l'utilisateur la valeur de a
TRAITEMENT       TANT QUE u ≤ a
                     Affecter à n la valeur n + 1
                     Affecter à u la valeur u + 2π
                 Fin TANT QUE
SORTIE           Afficher n
                 Afficher u
```

1. a. Montrer que u_n est une suite arithmétique. Quel est son premier terme ?

b. Déterminer u_n en fonction de n.

2. Montrer que $v_n = u_n + \pi$ convient et conclure.

Conseil

2. Vérifiez que l'on a $v_n > a$ et $\sin v_n = -1$.

Solution

1. a. L'instruction Affecter à u la valeur $u + 2\pi$ signifie que la nouvelle valeur de u est égale à l'ancienne augmentée de 2π. La suite (u_n) est donc une suite arithmétique de raison 2π.

L'initialisation montre que $u_0 = -\frac{\pi}{2}$.

b. Pour tout $n \in \mathbb{N}$: $u_n = u_0 + 2\pi n = -\frac{\pi}{2} + 2n\pi$.

2. Pour la valeur de n affichée : $u_n > a$. Donc $u_n + \pi > a$, c'est-à-dire $v_n > a$. D'autre part, $\sin(v_n) = \sin(u_n + \pi) = -\sin u_n = 1$ car $\sin\left(-\frac{\pi}{2} + 2n\pi\right) = -1$.

Ainsi $\lim\limits_{n \to +\infty} u_n = +\infty$, $\lim\limits_{n \to +\infty} v_n = +\infty$

et donc $\sin x$ oscille entre 1 et -1 quand $x \to +\infty$.

Quiz express

Cochez la ou les bonnes réponses.

11

Limites de fonctions

1 Les opérations élémentaires

☐ a. $\lim\limits_{x \to +\infty} -\dfrac{1}{x^2} = 0$

☐ b. $\lim\limits_{x \to 2} \dfrac{1}{x-2} = +\infty$

☐ c. $\lim\limits_{x \to -\infty} -x^2 + 1\,000 = +\infty$

2 Les opérations moins élémentaires

☐ a. $\lim\limits_{x \to +\infty} 3x^2 + \dfrac{1}{2x+5} = \dfrac{3}{2}$

☐ b. $\lim\limits_{x \to 2} 8x + \dfrac{1}{(x-2)^2} = +\infty$

☐ c. $\lim\limits_{x \to -\infty} -5x^2\left(1 + \dfrac{1}{x}\right) = +\infty$

3 Les formes indéterminées

☐ a. $\lim\limits_{x \to +\infty} \dfrac{3x^2}{2-x^2} = \dfrac{3}{2}$

☐ b. $\lim\limits_{x \to 1^+} \dfrac{1}{x^2-3x+2} = -\infty$

☐ c. $\lim\limits_{x \to -\infty} \dfrac{4x-7}{-3x+5} = \dfrac{4}{3}$

4 Les théorèmes de comparaison

Soit f définie sur $\mathbb{R}$ telle que $\lim\limits_{x \to 1} f(x)$ existe et vaut ℓ.

☐ a. Si $f(x) > 0$ au voisinage de 1, alors $\ell > 0$.

☐ b. Si $f(x) < \dfrac{1}{(x-1)^2}$, alors $\ell = +\infty$.

☐ c. $\lim\limits_{x \to 1} |f(x) - \ell| = 0$

5 Les asymptotes

On considère la courbe $\mathscr{C}_f$ associée à une fonction f.

☐ a. Si $\lim\limits_{x \to +\infty} f(x) = 2$, alors $\mathscr{C}_f$ a une asymptote horizontale d'équation $y = 2$.

☐ b. Il est possible que $\mathscr{C}_f$ ait deux asymptotes obliques.

☐ c. Il est possible que $\mathscr{C}_f$ ait 1 000 asymptotes verticales.

Corrigés !

Score : ... / 5

1 Les opérations élémentaires

Fiche 6

a. Vrai.

b. Faux. On a $\lim\limits_{x \to 2^-} \dfrac{1}{x-2} = -\infty$ et $\lim\limits_{x \to 2^+} \dfrac{1}{x-2} = +\infty$ donc $\dfrac{1}{x-2}$ n'a pas de limite quand x tend vers 2.

c. Faux. $\lim\limits_{x \to -\infty} -x^2 + 1\,000 = -\infty$

2 Les opérations moins élémentaires

Fiches 6 et 7

a. Faux. $\lim\limits_{x \to +\infty} 3x^2 + \dfrac{1}{2x+5} = \lim\limits_{x \to +\infty} 3x^2 = +\infty$

b. Vrai. $\lim\limits_{x \to 2} (x-2)^2 = 0^+ \Rightarrow \lim\limits_{x \to 2} \dfrac{1}{(x-2)^2} = +\infty$

c. Faux. $\lim\limits_{x \to -\infty} -5x^2\left(1 + \dfrac{1}{x}\right) = -\infty$ par produit

3 Les formes indéterminées

Fiches 6 et 7

a. Faux. $\lim\limits_{x \to +\infty} \dfrac{3x^2}{2-x^2} = \lim\limits_{x \to +\infty} \dfrac{3x^2}{-x^2} = -\dfrac{3}{2}$

b. Vrai. En effet, 1 est une valeur interdite et si $x > 1$ et proche de 1, alors $x^2 - 3x + 2 < 0$.

c. Faux. $\lim\limits_{x \to -\infty} \dfrac{4x-7}{-3x+5} = -\dfrac{4}{3}$

4 Les théorèmes de comparaison

Fiches 6 et 8

a. Faux. Si $x > 1$, $(x-1)^2 > 0$ pourtant $\lim\limits_{x \to 1} (x-1)^2 = 0$.

b. Faux. Si $f(x) = -x^2$, on a $f(x) < \dfrac{1}{(x-1)^2}$ et $\lim\limits_{x \to 1} -x^2 = -1$.

c. Vrai.

5 Les asymptotes

Fiche 9

a. Vrai.

b. Vrai. Par exemple, $f(x) = x + \dfrac{1}{x}$ si $x < 0$ et $f(x) = 3x + \dfrac{1}{x}$ si $x > 0$. Les droites d'équations respectives $y = x$ et $y = 3x$ sont asymptotes à $\mathscr{C}_f$ en $-\infty$ et en $+\infty$.

c. Vrai. Par exemple, $f(x) = \dfrac{1}{(x-1)(x-2)\dots(x-1\,000)}$ a pour asymptotes verticales les droites d'équations $x = 1$, $x = 2$, ..., $x = 1\,000$.

Résoudre une équation avec une fonction

12

QUIZ p. 35

RAPPELS DE COURS

1 Solution exacte et solution approchée d'une équation

▶ Pour résoudre des équations du type $P(x) = 0$ où P est un polynôme de degré 2 (c'est-à-dire de type $ax^2 + bx + c$), on commence par calculer le discriminant Δ. Il permet de déterminer le nombre de solutions et leurs valeurs (si l'équation admet des solutions). (→ DÉPLIANT, VI)

▶ Lorsqu'il s'agit d'équations du type $f(x) = 0$ (ou $f(x) = k$) où f est une fonction quelconque, il n'y a pas de formule donnant les valeurs exactes des solutions. Pour obtenir des valeurs **approchées**, on utilise des méthodes décrites dans l'énoncé de l'exercice.
Cependant, on dispose d'un théorème assurant l'**existence** éventuelle de solutions.

2 Théorème d'existence

A Théorème des valeurs intermédiaires

Soit f une fonction définie et continue sur un intervalle I, et soit a et b deux réels de I. Pour tout réel k compris entre $f(a)$ et $f(b)$, il existe un réel c compris entre a et b tel que $f(c) = k$.
Cela signifie que l'équation $f(x) = k$ admet **au moins une solution** (le nombre c) comprise entre a et b.

B Corollaire (théorème de la bijection)

Si, en plus des hypothèses précédentes, f est strictement monotone (c'est-à-dire strictement croissante ou strictement décroissante), alors le réel c est unique. L'équation $f(x) = k$ admet donc dans ce cas **une et une seule solution**.

3 Utilité d'un tableau de variation

La lecture d'un tableau de variation fournit les éléments permettant d'appliquer le théorème des valeurs intermédiaires ou son corollaire, par des considérations de signe.

MÉTHODE

Déterminer la solution d'une équation du type $f(x) = x$

1. Démontrer que l'équation $\cos x = x$ admet une solution unique sur l'intervalle $I = \left]0 ; \frac{\pi}{2}\right[$.

2. En donner un encadrement du type $\left[\frac{n}{10} ; \frac{n+1}{10}\right]$ où $n \in \mathbb{N}$.

CONSEILS

1. Posez $f(x) = \cos x - x$ et examinez $f(x) = 0$.
2. Pour l'encadrement demandé, il suffit d'utiliser la touche « SOLVE » de la calculatrice.

SOLUTION

1. Posons $f(x) = \cos x - x$. Alors, pour tout x de $\left[0 ; \frac{\pi}{2}\right]$, on a :

$f'(x) = -\sin x - 1$. Sur $\left[0 ; \frac{\pi}{2}\right]$, $-\sin x \leqslant 0$ et donc $f'(x) \leqslant 0$.

Le tableau de variation de f est le suivant :

x	0	α	$\frac{\pi}{2}$
$f'(x)$		$-$	
f	1 ↘	0 ↘	$-\frac{\pi}{2}$

On peut appliquer le théorème de la bijection. Le tableau de variation montre que f est strictement décroissante sur $\left[0 ; \frac{\pi}{2}\right]$. Comme $f(0) > 0$ et $f\left(\frac{\pi}{2}\right) < 0$, il existe un unique nombre α solution de l'équation $f(x) = 0$ et $0 < \alpha < \frac{\pi}{2}$.

REMARQUE Ce résultat montre que la courbe de la fonction cosinus coupe une et une seule fois la droite d'équation $y = x$ sur I.

2. La calculatrice fournit $\alpha = 0{,}740$ donc $\frac{7}{10} < \alpha < \frac{8}{10}$ $(n = 7)$.

Dériver des fonctions composées

13

? QUIZ p. 35

RAPPELS DE COURS

Les formules de dérivation usuelles sont rappelées dans le dépliant.
(→ DÉPLIANT, X)

1 Dérivation des fonctions composées

Soit deux fonctions h et u dérivables. Le tableau ci-dessous montre les dérivées de fonctions f construites à partir de u ou de h.
Le nombre n est un rationnel, c'est-à-dire le quotient de deux entiers (appelé aussi fraction).

	$f(x) =$	$f'(x) =$	Remarques
1	$\sqrt{u(x)}$	$\dfrac{u'(x)}{2\sqrt{u(x)}}$	On doit avoir $u(x) > 0$.
2	$(u(x))^n$	$nu'(x)(u(x))^{n-1}$	Dans le cas où $n < 0$, il est nécessaire que $u(x) \neq 0$.
3	$h(ax+b)$	$ah'(ax+b)$	a et b sont deux réels.

REMARQUE $\sqrt{u(x)}$ peut s'écrire $[u(x)]^{\frac{1}{2}}$. On peut donc utiliser la formule 2 avec $n = \dfrac{1}{2}$.

EXEMPLE Si $n = -1$ et si $f(x) = (u(x))^n$,
alors $f'(x) = (-1)u'(x)(u(x))^{-2}$,
c'est-à-dire $f'(x) = -\dfrac{u'(x)}{u(x)^2}$.

EN RÉSUMÉ
La dérivée de $\dfrac{1}{u}$ est $-\dfrac{u'}{u^2}$.

2 Dérivation des fonctions trigonométriques composées

▶ Si h (du tableau ci-dessus) est la fonction sinus, alors :

$$f(x) = \sin(ax+b) \Rightarrow f'(x) = a\sin'(ax+b)$$
$$\Rightarrow f'(x) = a\cos(ax+b).$$

▶ De même : $f(x) = \cos(ax+b) \Rightarrow f'(x) = -a\sin(ax+b)$.

REMARQUE Il y a des résultats analogues avec les fonctions logarithme et exponentielle. (→ FICHES 19 ET 24)

MÉTHODE

Calculer la dérivée d'une fonction composée

Soit f la fonction définie par $f(x) = \sqrt{\dfrac{1-x}{1+x}}$.

1. Déterminer l'ensemble de définition de f.

2. Démontrer que f est dérivable sur $]-1\,;1[$ et calculer $f'(x)$.

CONSEILS

1. La condition d'existence de $f(x)$ est $1+x \neq 0$ et $\dfrac{1-x}{1+x} \geqslant 0$.

2. Il suffit d'utiliser la formule de dérivation de $\sqrt{u}$ en choisissant convenablement u.

SOLUTION

1. Le signe du quotient $\dfrac{1-x}{1+x}$ est donné par le tableau suivant.

x	$-\infty$		-1		1		$+\infty$
$1-x$		$+$	¦	$+$	0	$-$	
$1+x$		$-$	0	$+$	¦	$+$	
$\dfrac{1-x}{1+x}$		$-$	¦	$+$	0	$-$	

On a $\mathcal{D}_f =]-1\,;1]$.

2. Posons $u(x) = \dfrac{1-x}{1+x}$. Pour tout x tel que $u(x) > 0$, on sait que u est dérivable comme quotient de deux fonctions dérivables.
Donc $\sqrt{u(x)}$ est dérivable sur $]-1, 1[$.

REMARQUE $\mathcal{D}_f$ est **fermé** en 1 alors que f est dérivable sur un intervalle **ouvert** en 1.

Par ailleurs, en dérivant le quotient, on trouve, pour tout $x \in]-1\,;1[$:

$$u'(x) = \frac{-1(1+x)-(1-x)1}{(1+x)^2} = \frac{-1-x-1+x}{(1+x)^2} = -\frac{2}{(1+x)^2}.$$

On a donc
$$f'(x) = \frac{-\dfrac{2}{(1+x)^2}}{2\sqrt{\dfrac{1-x}{1+x}}} = -\frac{1}{(1+x)^2} \times \sqrt{\frac{1+x}{1-x}}.$$

Étudier les fonctions trigonométriques

14

QUIZ p. 35

RAPPELS DE COURS

1 Propriétés des fonctions sinus et cosinus

- Les fonctions sinus et cosinus sont **continues** sur $\mathbb{R}$.
- Pour tout $x \in \mathbb{R}$, $\cos(x)^2 + \sin(x)^2 = 1$;
$-1 \leqslant \cos(x) \leqslant 1$ et $-1 \leqslant \sin(x) \leqslant 1$.
- Pour tout réel x, $\sin'(x) = \cos(x)$ et $\cos'(x) = -\sin(x)$.

2 Variations et représentations graphiques (sinusoïdes)

- Les fonctions sinus et cosinus sont **périodiques** de période 2π.
Pour tout réel x, $\sin(2\pi + x) = \sin(x)$ et $\cos(2\pi + x) = \cos(x)$ et pour $k \in \mathbb{Z}$, $\sin(2k\pi + x) = \sin(x)$ et $\cos(2k\pi + x) = \cos(x)$.
- La fonction **sinus est impaire** et la fonction **cosinus est paire** : pour tout réel x, on a $\sin(-x) = -\sin(x)$ et $\cos(-x) = \cos(x)$.

x	0	π
$\cos'(x)$	$-$	
$\cos(x)$	1 ↘	-1

x	0	$\frac{\pi}{2}$	1
$\sin'(x)$	$+$	0	$-$
$\sin(x)$	0 ↗	1	↘ 0

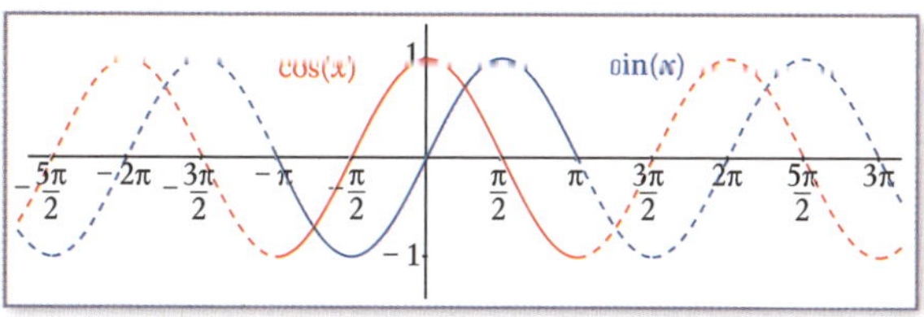

- Voici le tableau des valeurs remarquables à connaître.

x	0	$\frac{\pi}{6}$	$\frac{\pi}{4}$	$\frac{\pi}{3}$	$\frac{\pi}{2}$
$\sin x$	0	$\frac{1}{2}$	$\frac{\sqrt{2}}{2}$	$\frac{\sqrt{3}}{2}$	1
$\cos x$	1	$\frac{\sqrt{3}}{2}$	$\frac{\sqrt{2}}{2}$	$\frac{1}{2}$	0

MÉTHODE

Étudier la fonction tangente

Pour tout réel x distinct de $\frac{\pi}{2} + k\pi (k \in \mathbb{Z})$, on définit la fonction tangente par $\tan(x) = \frac{\sin(x)}{\cos(x)}$. Soit $\mathcal{D}_{\tan}$ son ensemble de définition.

1. Montrer que, pour tout $x \in \mathcal{D}_{\tan}$, $\tan(\pi + x) = \tan(x)$ et que la fonction tan est impaire. Étudier les variations de tan sur $\left[0 ; \frac{\pi}{2}\right[$.

2. Déterminer $\lim\limits_{x \to \left(\frac{\pi}{2}\right)^-} \tan x$ et interpréter le résultat.

CONSEIL

2. On pourra penser à une asymptote verticale. (→ FICHE 9)

SOLUTION

1. Pour tout $x \in \mathcal{D}_{\tan}$,

$$\tan(\pi + x) = \frac{\sin(\pi + x)}{\cos(\pi + x)} = \frac{-\sin(x)}{-\cos(x)} = \tan(x)$$

donc tan est périodique de période π.

Par ailleurs, $\tan(-x) = \frac{\sin(-x)}{\cos(-x)} = -\frac{\sin(x)}{\cos(x)} = -\tan(x)$

donc tan est impaire.

Puisqu'elle est périodique de période π et impaire, on peut étudier tan sur $\left[0 ; \frac{\pi}{2}\right[$. On déduira sa courbe par symétrie et translation.

En dérivant comme un quotient, on obtient, pour tout $x \in \left[0 ; \frac{\pi}{2}\right[$:

$$\tan' x = \frac{\cos x \cos x - \sin x(-\sin x)}{\cos^2 x} = \frac{\cos^2 x + \sin^2 x}{\cos^2 x} = \frac{1}{\cos^2 x}$$

Puisque sa dérivée est positive, tan croît sur $\left[0 ; \frac{\pi}{2}\right[$.

2. Quand $x \to \left(\frac{\pi}{2}\right)^-$, on a : $\sin x \to 1$ et $\cos x \to 0^+$.

C'est pourquoi $\lim\limits_{x \to \left(\frac{\pi}{2}\right)^-} \tan x = +\infty$ par quotient et règle des signes.

Il en résulte que la courbe de la fonction tan a une asymptote verticale d'équation $x = \frac{\pi}{2}$ sur $\left[0 ; \frac{\pi}{2}\right[$. (→ RABAT, II)

MÉTHODES

Résoudre une équation trigonométrique

L'algorithme suivant permet de calculer une valeur approchée à 10^{-4} de la solution α de l'équation $\cos x = x$ sur $\left[0 ; \frac{\pi}{2}\right]$, équivalente à $\cos x - x = 0$. Il utilise une boucle TANT QUE.

```
VARIABLES        x et fdex sont des nombres réels
INITIALISATION   Affecter à x la valeur 0
                 Affecter à fdex la valeur 1
TRAITEMENT       TANT QUE fdex > 0
                     Affecter à x la valeur x + 0,0001
                     Affecter à fdex la valeur cos x − x
                 Fin de TANT QUE
SORTIE           Afficher x
                 Afficher fdex
```

1. Quel est le signe de la valeur affichée de *fdex* ? Justifier.

2. Soit x_1 la valeur de x affichée et x_0 la valeur qui la précédait. Montrer que la valeur affichée de x répond à la question.

3. Quelles instructions devrait-on ajouter pour que le programme affiche x_0 ?

4. Comment modifier l'algorithme pour qu'il donne une valeur approchée à 10^{-5} de α ?

CONSEIL

1. La variable *fdex* contient les valeurs de $\cos x - x$. L'algorithme reste dans la boucle TANT QUE aussi longtemps que *fdex* est strictement positif. Dès qu'il est négatif ou nul, l'algorithme sort de la boucle et exécute l'instruction suivante.

SOLUTION

1. L'affichage de *fdex* se produit à la sortie de la boucle. C'est pourquoi la valeur affichée de *fdex* est négative ou nulle.

2. Puisque $x_1 - x_0 = 0{,}0001$, $x_1 - \alpha \leqslant 10^{-4}$. Donc x_1 donne de α une valeur approchée à 10^{-4}.

3. Pour afficher x_0, il suffit d'ajouter, après la ligne 9, les instructions Affecter à x la valeur $x - 0{,}0001$ et Afficher x.

4. Si on veut une valeur de α à 10^{-5} il suffit de modifier la ligne 5 en Affecter à x la valeur $x + 0{,}00001$.

*Étudier le signe de cos(n) – sin(n), n ∈ ℕ**

```
VARIABLES          fdex est un nombre réel
                   n, sup, inf sont des nombres entiers
INITIALISATION     Affecter à sup la valeur 0
                   Affecter à inf la valeur 0
TRAITEMENT         POUR n allant de 1 à 1000
                       fdex prend la valeur cos(n) - sin(n)
                       Si fdex ≥ 0 Alors
                           Affecter à sup la valeur sup + 1
                           Sinon
                           Affecter à inf la valeur inf + 1
                       Fin Si
                   Fin POUR
SORTIE             Afficher inf
                   Afficher sup
```

1. Que représentent les deux valeurs affichées ?

2. Expliquer les affichages suivants, obtenus pour n allant de 0 à 500, puis de 0 à 1 500, puis de 0 à 5 000 et enfin de 0 à 50 000.

252 ; 249   751 ; 750   2501 ; 2 500   25 001 ; 25 000

3. On choisit un entier n au hasard entre 1 et 50 000. Quelle est la probabilité pour que $\cos(n) \geqslant \sin(n)$?

CONSEILS

2. Interpréter le signe de *f dex*.

SOLUTION

1. *inf* représente le nombre d'entiers positifs n tels que $\cos(n) \leqslant \sin(n)$ et *sup* le nombre de ces entiers tels que $\cos(n) \geqslant \sin(n)$.

2. Le premier couple montre que le nombre d'entiers positifs n compris (au sens large) entre 0 et 500 tels que $\cos(n) \leqslant \sin(n)$ est égal à 252 et qu'il y a 249 entiers positifs n compris (au sens large) entre 1 et 500 tels que $\cos(n) \geqslant \sin(n)$. Même interprétation pour les autres couples. En effet $f\,dex \geqslant 0 \Leftrightarrow \cos(n) \geqslant \sin(n)$.

3. Il y a à peu près une chance sur deux (en réalité $\frac{25\,000}{50\,001}$) pour que $\cos(n) \geqslant \sin(n)$.

Quiz express 16

Cochez la ou les bonnes réponses.

Équation, dérivation et fonctions trigonométriques

1 Le théorème des valeurs intermédiaires

Pour savoir si l'équation $4x^2 - 1 + 2x = 0$ a des solutions :

☐ **a.** le mieux est de calculer le discriminant.

☐ **b.** il est impératif d'étudier la fonction $x \mapsto 4x^2 - 1 + 2x$.

2 La résolution d'équations

Posons $f(x) = x^3 - 11x + 7$. L'équation $f(x) = 0$ admet :

☐ **a.** aucune solution sur $]0\,;+\infty[$ car $f(0) = 7$.

☐ **b.** au moins une solution sur $\mathbb{R}$.

☐ **c.** exactement une solution sur $]-4\,;3[$ car $f(-4) = -13$ et $f(3) = 1$.

3 Les tableaux de variation

D'après le tableau de variation ci-dessous, on peut dire que :

x	$-\infty$		$+\infty$
$f(x)$	↘	-1	↗

☐ **a.** l'équation $f(x) = 0$ admet deux solutions.

☐ **b.** l'équation $f(x) = -0{,}1$ admet au moins une solution.

☐ **c.** on ne peut pas savoir si l'équation $f(x) = 0$ a des solutions.

4 Les formules de dérivation

☐ **a.** $g(x) = \dfrac{1}{ax+b} \Rightarrow g'(x) = -\dfrac{a}{(ax+b)^2}$

☐ **b.** $g(x) = \sqrt{5x-3} \Rightarrow g'(x) = \dfrac{1}{2\sqrt{5x-3}}$

5 Les fonctions trigonométriques

Pour tout réel x :

☐ **a.** $\sin(4\pi - x) = -\sin x$ ☐ **b.** $\cos(-x) = \cos(3\pi + x)$

☐ **c.** $\tan(\pi + x) = \tan x$ pour $x \neq \dfrac{\pi}{2} + k\pi$

Corrigés

Score : … / 5

1 Le théorème des valeurs intermédiaires

Fiche 12

a. Vrai. $\Delta = 20$; les solutions sont donc $\dfrac{-1-\sqrt{5}}{4}$ et $\dfrac{-1+\sqrt{5}}{4}$.

b. Faux.

2 La résolution d'équations

Fiche 12

a. Faux. Voir la courbe.

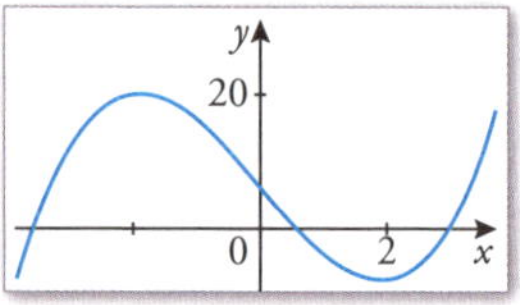

b. Vrai. Toute fonction polynôme de degré 3 admet au moins une solution car ses limites en $-\infty$ et $+\infty$ sont infinies et de signes contraires.

c. Faux. Pour utiliser ce raisonnement, il aurait fallu s'assurer que la fonction est monotone sur l'intervalle $]-4;3[$, ce qui n'est pas le cas.

3 Les tableaux de variation

Fiche 12

a. Faux. Car les limites de f en $-\infty$ et $+\infty$ sont inconnues. Par exemple, si $\lim\limits_{x\to-\infty} f(x) = \lim\limits_{x\to+\infty} f(x) = -0{,}2$ alors l'équation n'a pas de solution, pas plus que l'équation $f(x) = -0{,}1$.

b. Faux.

c. Vrai.

4 Les formules de dérivation

Fiche 13

a. Vrai. Soit $f(x) = \dfrac{1}{x}$, alors on a $g(x) = f(ax+b)$.

Puisque $f'(x) = -\dfrac{1}{x^2}$, on a bien

$$g'(x) = a\left(-\frac{1}{(ax+b)^2}\right).$$

RAPPEL Si $h(x) = ax + b$, alors $h'(x) = a$.

b. Faux. Si $f(x) = \sqrt{x}$, on a $g(x) = f(5x-3)$. Puisque $f'(x) = \dfrac{1}{2\sqrt{x}}$, on a $g'(x) = 5\dfrac{1}{2\sqrt{5x-3}} = \dfrac{5}{2\sqrt{5x-3}}$.

5 Les fonctions trigonométriques

Fiche 14

a. Vrai. $\sin(4\pi - x) = \sin(-x) = -\sin x$

b. Faux. $\cos(3\pi + x) = \cos(\pi + x) = -\cos x = -\cos(-x)$

c. Vrai. $\tan(\pi + x) = \dfrac{\sin(\pi + x)}{\cos(\pi + x)} = \dfrac{-\sin x}{-\cos x} = \tan x$

Connaître la fonction exponentielle

17

QUIZ p. 45

RAPPELS DE COURS

1 Définition

Il existe une unique fonction f définie sur $\mathbb{R}$, dérivable, dont la dérivée est égale à elle–même (c'est-à-dire telle que $f'(x) = f(x)$ pour tout $x \in \mathbb{R}$) et vérifiant $f(0) = 1$.
Cette fonction s'appelle la **fonction exponentielle** et se note **exp**.
Ainsi :

$$\exp'(x) = \exp(x) \quad \text{et} \quad \exp(0) = 1$$

2 Propriétés de la fonction exponentielle

▶ Tableau de variation

x	$-\infty$		0		1		$+\infty$
e^x	0	↗	1	↗	e	↗	$+\infty$

▶ Pour tout $x \in \mathbb{R}$,
$\exp(x) > 0$ et $\exp(x) = e^x$.

À NOTER !
$\exp(1) = e \approx 2{,}718$

3 Propriétés algébriques

a, b et n étant trois réels quelconques, on a :

- $\exp(a+b) = \exp(a)\exp(b) \Leftrightarrow e^{a+b} = e^a \times e^b$
- $\exp(a-b) = \dfrac{\exp(a)}{\exp(b)} \Leftrightarrow e^{a-b} = \dfrac{e^a}{e^b}$
- $\exp(-b) = \dfrac{1}{\exp(b)} \Leftrightarrow e^{-b} = \dfrac{1}{e^b}$
- $\exp(na) = (\exp(a))^n \Leftrightarrow e^{na} = (e^a)^n$

REMARQUE En utilisant la dernière formule avec $n = \dfrac{1}{2}$, on trouve :

$$e^{\frac{1}{2}a} = (e^a)^{\frac{1}{2}} \Leftrightarrow e^{\frac{1}{2}a} = \sqrt{e^a}$$

4 *Équations et inéquations*

▶ La fonction exp est strictement croissante sur $\mathbb{R}$.
C'est pourquoi $\forall a \in \mathbb{R}$,

$$e^x = e^a \Leftrightarrow x = a \quad \text{et} \quad e^x < e^a \Leftrightarrow x < a$$

▶ Si $m \leqslant 0$, alors $e^x = m$ et $e^x \leqslant m$ d'inconnue x n'ont pas de solution car « une exponentielle est toujours positive ».

▶ Si $m > 0$, l'équation $e^x = m$ a une solution unique : $\ln(m)$. L'inéquation $e^x \leqslant m$ a pour ensemble de solutions l'intervalle $]-\infty, \ln(m)]$. (→ FICHE 22)

MÉTHODE

Résoudre une inéquation par changement de variable

Résoudre dans $\mathbb{R}$ l'inéquation $\left(e^x - 2\right)\left(e^{2x} - 3e^x - 4\right) \geqslant 0$.

CONSEIL

En posant $X = e^x$, on a $X^2 = \left(e^x\right)^2 = e^{2x}$.

SOLUTION

Si $X = e^x$, l'inéquation équivaut à $(X - 2)\left(X^2 - 3X - 4\right) \geqslant 0$.
Les racines de $X^2 - 3X - 4$ sont -1 et 4.
Ainsi $X^2 - 3X - 4 = (X + 1)(X - 4)$
$\Leftrightarrow e^{2x} - 3e^x - 4 = (e^x + 1)(e^x - 4)$
L'inéquation équivaut donc à $\left(e^x - 2\right)\left(e^x + 1\right)\left(e^x - 4\right) \geqslant 0$.
Pour tout $x \in \mathbb{R}$, $e^x + 1 > 0$; donc le signe de $\left(e^x - 2\right)\left(e^x + 1\right)\left(e^x - 4\right)$ est celui de $\left(e^x - 2\right)\left(e^x - 4\right)$.
Sachant que $e^x - 2 \geqslant 0 \Leftrightarrow x \geqslant \ln 2$
et $e^x - 4 \geqslant 0 \Leftrightarrow x \geqslant \ln 4$,
le tableau de signes suivant conduit au résultat :

x	$-\infty$		$\ln 2$		$\ln 4$		$+\infty$
$e^x - 2$		$-$	0	$+$		$+$	
$e^x - 4$		$-$		$-$	0	$+$	
Produit		$+$	0	$-$	0	$+$	

L'ensemble des solutions est $]-\infty ; \ln 2] \cup [\ln 4 ; +\infty[$.

Calculer des limites de fonctions exponentielles

18

QUIZ p. 45

RAPPELS DE COURS

1 Limites usuelles

▶ $\lim\limits_{x \to -\infty} e^x = 0$ et $\lim\limits_{x \to +\infty} e^x = +\infty$

On en déduit que la courbe de la fonction exponentielle a une **asymptote horizontale**, l'axe des abscisses, en $-\infty$.

▶ Ci-contre est représentée la fonction exponentielle avec les tangentes aux points d'abscisses 0 (d'équation $y = x + 1$) et 1 (d'équation $y = ex$).

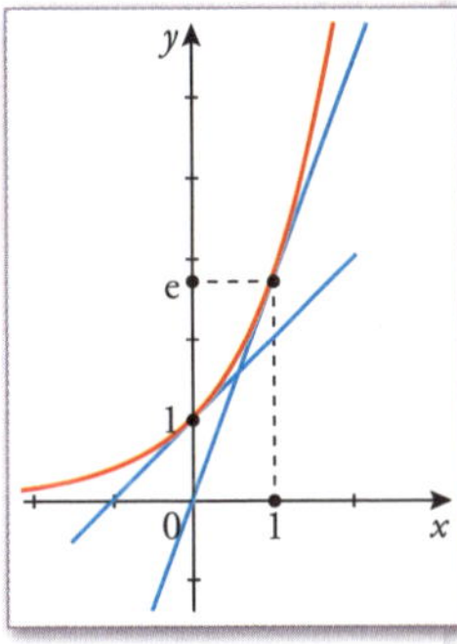

2 Formes indéterminées

▶ Soit α un nombre réel.

$$\lim_{x \to +\infty} \frac{e^x}{x^\alpha} = +\infty \quad \text{et} \quad \lim_{x \to -\infty} x^\alpha e^x = 0$$

En particulier, en posant $\alpha = \frac{1}{2}$, on a $\lim\limits_{x \to +\infty} \frac{e^x}{\sqrt{x}} = +\infty$.

Ces résultats résolvent les formes indéterminées « $\frac{\infty}{\infty}$ » et « $0 \times \infty$ ».

> À NOTER ! N'importe quelle puissance de x est négligeable devant e^x en $+\infty$ et en $-\infty$.

▶ $\lim\limits_{x \to 0} \frac{e^x - 1}{x} = 1$ (→ FICHE 19)

3 Limites de fonctions composées avec la fonction exp

Soit u une fonction et x_0 un point ou une borne de $\mathcal{D}_u$.

Pour calculer $\lim\limits_{x \to x_0} e^{u(x)}$, il suffit de trouver $\lim\limits_{x \to x_0} u(x)$.

- Si cette limite est ℓ ($\ell \in \mathbb{R}^{+*}$), alors $\lim\limits_{x \to x_0} e^{u(x)} = e^\ell$.
- $u(x) \to +\infty \Rightarrow e^{u(x)} \to +\infty$
- $u(x) \to -\infty \Rightarrow e^{u(x)} \to 0$

MÉTHODE

Déterminer les limites et une asymptote d'une fonction

Soit f la fonction définie sur $\mathbb{R}$ par $f(x) = x - 1 + \left(x^2 + 2\right)e^{-x}$.

1. Trouver les limites de f en $+\infty$ et en $-\infty$.

2. Démontrer que la droite $\mathscr{D}$ d'équation $y = x - 1$ est asymptote à la courbe $\mathscr{C}_f$ en $+\infty$.

Conseils

1. En $-\infty$, factorisez x^2 et, en $+\infty$, utilisez les formes indéterminées connues.

2. Calculez $\lim\limits_{x \to +\infty} f(x) - (x - 1)$.

Solution

1. • Quand $x \to -\infty$:

$(x - 1) \to -\infty$ et $\left(x^2 + 2\right)e^{-x} \to +\infty$ car $e^{-x} \to +\infty$.

On a donc la forme indéterminée « $(-\infty) + (+\infty)$ ».

Pour tout x non nul : $f(x) = x^2\left(\dfrac{1}{x} - \dfrac{1}{x^2} + \left(1 + \dfrac{2}{x^2}\right)e^{-x}\right)$.

Or $\left(1 + \dfrac{2}{x^2}\right) \to 1$ et $e^{-x} \to +\infty$ donc $\left(1 + \dfrac{1}{x^2}\right)e^{-x} \to +\infty$ par produit.

Comme $\dfrac{1}{x} - \dfrac{1}{x^2} \to 0$, on a : $\dfrac{1}{x} - \dfrac{1}{x^2} + \left(1 + \dfrac{2}{x^2}\right)e^{-x} \to +\infty$.

Comme $x^2 \to +\infty$, on en déduit que $\lim\limits_{x \to -\infty} f(x) = +\infty$ par produit.

• Quand $x \to +\infty$:

$e^{-x} \to 0$ et $x^2 + 2 \to +\infty$.

On a donc la forme indéterminée « $0 \times (+\infty)$ ».

$\left(x^2 + 2\right)e^{-x} = \dfrac{x^2}{e^x} + 2e^{-x}$ et $\dfrac{x^2}{e^x} \to 0$ puisque $\dfrac{e^x}{x^2} \to +\infty$.

On en déduit : $\left(x^2 + 2\right)e^{-x} \to 0$ par somme.

De plus, $x - 1 \to +\infty$, donc $\lim\limits_{x \to +\infty} f(x) = +\infty$ par somme.

2. $\lim\limits_{x \to +\infty} \left[f(x) - (x - 1)\right] = \lim\limits_{x \to +\infty} \left[\left(x^2 + 2\right)e^{-x}\right] = 0$.

La droite $\mathscr{D}$ est donc asymptote à $\mathscr{C}_f$ en $+\infty$.

REMARQUE On peut démontrer que $\mathscr{C}_f$ n'a pas d'asymptote en $-\infty$.

Dériver des fonctions exponentielles

19

QUIZ p. 45

RAPPELS DE COURS

1 *Dérivée élémentaire*

▶ D'après sa définition, la fonction exp est dérivable sur $\mathbb{R}$ et, pour tout $x \in \mathbb{R}$:

$$\exp'(x) = \exp(x) \quad \text{ou} \quad \frac{\mathrm{d}}{\mathrm{d}x}(\mathrm{e}^x) = \mathrm{e}^x$$

REMARQUE Il faut se garder de considérer e (le nombre de Néper, égal à 2,718 environ) comme une fonction : c'est une constante.

EXEMPLE Si $f(x) = \mathrm{e} + \mathrm{e}x + \mathrm{e}^x$, alors $f'(x) = 0 + \mathrm{e} + \mathrm{e}^x = \mathrm{e} + \mathrm{e}^x$.

▶ Pour montrer que $\lim\limits_{x \to 0} \dfrac{\mathrm{e}^x - 1}{x} = 1$ (→ FICHE 18), on utilise le **nombre dérivé en 0** de la fonction exponentielle :

$$\lim_{x \to 0} \frac{\mathrm{e}^x - 1}{x} = \lim_{x \to 0} \frac{\mathrm{e}^x - \mathrm{e}^0}{x - 0} = \lim_{x \to 0} \frac{\exp(x) - \exp(0)}{x - 0} = \exp'(0) = 1$$

2 *Dérivée de fonctions composées d'exponentielles*

▶ Soit u une fonction dérivable sur un intervalle I.
Alors la fonction $f(x) = \mathrm{e}^{u(x)}$ est dérivable sur I et, pour tout $x \in \mathrm{I}$:

> **ATTENTION !** Bien que toujours positive, e^u n'est pas toujours croissante.

$$f'(x) = u'(x)\mathrm{e}^{u(x)}$$

▶ a et b étant deux constantes réelles, si $f(x) = \mathrm{e}^{ax+b}$ alors $f'(x) = a\mathrm{e}^{ax+b}$. (→ FICHE 13)

3 *Des fautes à éviter*

▶ La dérivée de la fonction exponentielle est elle-même mais la dérivée de e^{-x} n'est pas e^{-x} et la dérivée de e^{-x^2} n'est pas e^{-x^2}.

▶ Seules les fonctions $x \mapsto \lambda \mathrm{e}^x$ (où λ est une constante) ont pour dérivées elles-mêmes. De ce fait, si l'exposant de e n'est pas x, seulement x et uniquement x, il n'y a pas d'autre choix que d'utiliser la formule $u'\mathrm{e}^u$ pour dériver, ou $a\mathrm{e}^{ax+b}$ si possible.

EXEMPLE Si $f(x) = \mathrm{e}^{x^2}$, alors $f'(x) = 2x\mathrm{e}^{x^2}$. Ici, $u(x) = x^2$.

MÉTHODE

Étudier la dérivabilité d'une fonction avec exponentielle

On considère la fonction f définie sur $\mathbb{R}^+$ par :

$$f(x)=\begin{cases} xe^{-\frac{1}{x}} \text{ si } x>0 \\ 0 \text{ si } x=0 \end{cases}$$

1. Calculer $f'(x)$ pour tout $x>0$.

2. Examiner la dérivabilité de f en 0 en étudiant $\lim\limits_{x\to 0}\dfrac{f(x)}{x}$.

CONSEILS

1. Si $x>0$, on repère un produit. Dans ce produit, on sera amené à utiliser la dérivée de e^u.

2. En écrivant $\dfrac{f(x)}{x}=\dfrac{f(x)-f(0)}{x-0}$, on reconnaît le taux de variation de f en 0 qui permet de trancher sur la dérivabilité de f en 0.

SOLUTION

1. Pour tout $x>0$, les fonctions composant f sont dérivables.

On sait de plus que la dérivée de $\dfrac{1}{x}$ est $-\dfrac{1}{x^2}$.

Donc, en utilisant la dérivée d'un produit et de e^u, on a :

$$f'(x)=1e^{-\frac{1}{x}}+x\times\frac{1}{x^2}e^{-\frac{1}{x}}=\left(1+\frac{1}{x}\right)e^{-\frac{1}{x}}.$$

2. Pour tout $x>0$, $\dfrac{f(x)}{x}=e^{-\frac{1}{x}}$.

Ici la limite en 0 se confond avec la limite en 0^+, c'est-à-dire quand x tend vers 0 en étant positif.

$$\text{Or } x\to 0^+ \Leftrightarrow \frac{1}{x}\to+\infty \Leftrightarrow -\frac{1}{x}\to-\infty \Leftrightarrow e^{-\frac{1}{x}}\to 0$$

(quand l'exposant tend vers $-\infty$, l'exponentielle tend vers 0).

Conclusion : Puisque $f(0)=0$,

$$\lim_{x\to 0}\frac{f(x)-f(0)}{x-0}=\lim_{x\to 0}\frac{f(x)}{x}=0.$$

Par conséquent, f est dérivable en 0 et $f'(0)=0$.

Déterminer des primitives de fonctions avec exponentielle

20

QUIZ p. 45

RAPPELS DE COURS

1 Primitives élémentaires

La fonction exponentielle est une primitive d'elle-même.

Autrement dit, elle vérifie l'équation $f' = f$ dont l'inconnue est une fonction f.

2 Primitives de fonctions composées

Soit u une fonction dérivable sur un intervalle I.

▶ La fonction $x \mapsto u'(x)\mathrm{e}^{u(x)}$ admet pour primitive la fonction $x \mapsto \mathrm{e}^{u(x)}$.

REMARQUES

- Dans le cas particulier où $u(x) = ax + b$ (a et b réels, $a \neq 0$), une primitive de $x \mapsto \mathrm{e}^{ax+b}$ est $x \mapsto \dfrac{1}{a}\mathrm{e}^{ax+b}$.
- Ne pas généraliser le cas particulier précédent : une primitive de $x \mapsto \mathrm{e}^{u(x)}$ **n'est pas en général** $\dfrac{1}{u'(x)}\mathrm{e}^{u(x)}$.

▶ La fonction $x \overset{f}{\mapsto} \mathrm{e}^{-x}$ a une particularité : sa dérivée est en même temps une de ses primitives. De plus $F(x) = f'(x) = -f(x)$.

▶ Soit $P(x)$ un polynôme.
Si $f(x) = P(x)\mathrm{e}^{ax+b}$, alors $F(x) = Q(x)\mathrm{e}^{ax+b}$,
où Q est un polynôme de **même degré** que P. Cette remarque peut être utile pour trouver F. Il suffit d'utiliser l'égalité $F'(x) = f(x)$.

EXEMPLE Si $f(x) = \left(x^2 + 1\right)\mathrm{e}^x$,
on peut écrire $F(x) = \left(ax^2 + bx + c\right)\mathrm{e}^x$.
Alors :
$F'(x) = \left(ax^2 + (2a + b)x + (b + c)\right)\mathrm{e}^x$.
On obtient alors a, b et c par identification avec $x^2 + 1$:
$a = 1$, $2a + b = 0$ et $b + c = 1$; soit $a = 1$, $b = -2$ et $c = 3$.
Finalement $F(x) = \left(x^2 - 2x + 3\right)\mathrm{e}^x$.

> **RAPPEL**
> $(uv)' = u'v + uv'$

MÉTHODE

Déterminer la primitive vérifiant $F(x_0) = y_0$

Trouver la primitive F de $x \overset{f}{\longmapsto} (x^3 - 1)e^{-x}$ s'annulant en 1.

CONSEILS

- Une primitive de f est de la forme $P(x)e^{-x}$ où P est un polynôme du troisième degré, qui est le degré de $x^3 - 1$. En dérivant cette expression, on doit retrouver $f(x)$. On procédera donc par identification.
- Pour trouver la primitive cherchée, il suffit de se rappeler que si F est une primitive de f, alors toute autre primitive est de la forme $x \mapsto F(x) + k$ où k est une constante. La condition imposée conduit à $F(1) = 0$.

SOLUTION

- Il existe a, b et c réels tels que, pour tout x de $\mathbb{R}$:
$F(x) = (ax^3 + bx^2 + cx + d)e^{-x}$.

Donc $F'(x) = (-ax^3 - bx^2 - cx - d)e^{-x} + (3ax^2 + 2bx + c)e^{-x}$
$= [-ax^3 + (-b + 3a)x^2 + (-c + 2b)x - d + c]e^{-x}$.

Puisque $F'(x) = f(x)$, on a par identification :

$$\begin{cases} -a = 1 \\ -b + 3a = 0 \\ -c + 2b = 0 \\ -d + c = -1 \end{cases} \text{ c'est-à-dire } \begin{cases} a = -1 \\ b = -3 \\ c = -6 \\ d = -5 \end{cases}.$$

Toute primitive de f est donc de la forme :
$x \overset{F}{\longmapsto} (-x^3 - 3x^2 - 6x - 5)e^{-x} + k$ où k est une constante.

- $F(1) = 0 \Leftrightarrow -15e^{-1} + k = 0 \Leftrightarrow k = 15e^{-1} = \dfrac{15}{e}$.

La primitive cherchée est donc
$x \mapsto (-x^3 - 3x^2 - 6x - 5)e^{-x} + 15e^{-1}$.

REMARQUE Soit x_0 et y_0 deux réels donnés. Il est toujours possible de trouver une primitive F de f prenant la valeur y_0 en x_0, c'est-à-dire telle que $F(x_0) = y_0$. Il suffit pour cela de trouver la constante k appropriée.

Quiz express 21

Cochez la ou les bonnes réponses.

Fonction exponentielle

1 Les propriétés algébriques

Soit a et b deux réels.

☐ **a.** $e^a e^b = e^{a+b}$

☐ **b.** $e^a - e^b = e^{\left(\frac{a}{b}\right)}$

☐ **c.** $e^{-b} = -e^b$

☐ **d.** $-e^{-a} = e^a$

2 La résolution d'équations

☐ **a.** L'équation $e^x = -1$ n'a pas de solution.

☐ **b.** $e^{-x} = e \Rightarrow x = -1$

☐ **c.** $e^x = 0 \Rightarrow x = 1$

☐ **d.** $e^x = 1 \Rightarrow x = 0$

3 Les limites

☐ **a.** La courbe de la fonction exponentielle a une asymptote horizontale en $-\infty$.

☐ **b.** La courbe de la fonction exponentielle a une asymptote verticale en $-\infty$.

☐ **c.** $\lim\limits_{x \to +\infty} \dfrac{e^x}{x^{1\,000}} = 0$

☐ **d.** $\lim\limits_{x \to -\infty} x^2 e^x = 0$

4 Les dérivées

☐ **a.** $g(x) = e^{-x+2} \Rightarrow g'(x) = -e^{-x+2}$

☐ **b.** $g(x) = e^{-x^2+1} \Rightarrow g'(x) = -2x e^{-x^2+1}$

☐ **c.** $g(x) = \dfrac{1}{e^x} \Rightarrow g'(x) = -e^x$

5 Les primitives

☐ **a.** Une primitive de e^x est $e^x - 4$.

☐ **b.** Une primitive de e^{-x+1} est $-e^{-x+1}$.

☐ **c.** Une primitive de e^{x^2} est $\dfrac{1}{2x} e^{x^2}$.

☐ **d.** Une primitive de $-3e^{3x}$ est $-e^{3x} + 3$.

Corrigés !

Score : ... / 5

1 Les propriétés algébriques

Fiche 17

a. Vrai.

b. Faux. Ne pas confondre avec $e^{a-b} = \dfrac{e^a}{e^b}$.

c. Faux. Ne pas confondre avec $e^{-b} = \dfrac{1}{e^b}$.

d. Faux. $-\dfrac{1}{e^a} = -e^{-a}$

2 La résolution d'équations

Fiche 17

a. Vrai. Une exponentielle est toujours positive.

b. Vrai. $e^1 = e$

c. Faux. Une exponentielle est strictement positive.

d. Vrai. $e^0 = 1$

3 Les limites

Fiche 18

a. Vrai. Il s'agit de l'axe des abscisses.

b. Faux. En $+\infty$ la fonction exponentielle croît très rapidement. Sa courbe ne se rapproche d'aucune droite quand x tend vers $+\infty$.

c. Faux. $\lim\limits_{x \to +\infty} \dfrac{e^x}{x^{1\,000}} = +\infty$ par croissances comparées.

> ASTUCE On parle de croissance exponentielle.

d. Vrai. Par croissances comparées.

4 Les dérivées

Fiche 19

a. Vrai. La dérivée de e^{ax+b} est ae^{ax+b}.

b. Vrai. La dérivée de e^u est $u'e^u$. Ici $u(x) = -x^2 + 1$.

c. Faux. $g(x) = \dfrac{1}{e^x} = e^{-x} \Rightarrow g'(x) = -e^{-x} = -\dfrac{1}{e^x}$

5 Les primitives

Fiche 20

a. Vrai. Une primitive de e^x est elle-même. Si F est une primitive d'une fonction f, alors toute fonction de la forme $F(x) + k$, où k est une constante, est encore une primitive de f.

b. Vrai. Une primitive de e^{ax+b} est $\dfrac{1}{a}e^{ax+b}$.

c. Faux. La dérivée de $\dfrac{1}{2x}e^{x^2} = \dfrac{1}{2}\dfrac{1}{x}e^{x^2}$ est :

$$\frac{1}{2}\left(-\frac{1}{x^2}e^{x^2} + \frac{1}{x}2xe^{x^2}\right) = -\frac{1}{2x^2}e^{x^2} + e^{x^2}.$$

d. Vrai.

Connaître le logarithme népérien

22

QUIZ p. 55

RAPPELS DE COURS

1 Définition du logarithme népérien

La fonction **logarithme népérien** est la primitive de la fonction $x \mapsto \dfrac{1}{x}$ sur $\mathbb{R}^{+*}$ qui s'annule en 1. Elle se note ln.

Donc $\mathscr{D}_{\ln} =]0\,;+\infty[$, $\ln(1) = 0$ et $\ln'(x) = \dfrac{1}{x}$.

x	0	1	e	$+\infty$
$\ln x$	$-\infty$ ↗	0 ↗	1 ↗	$+\infty$

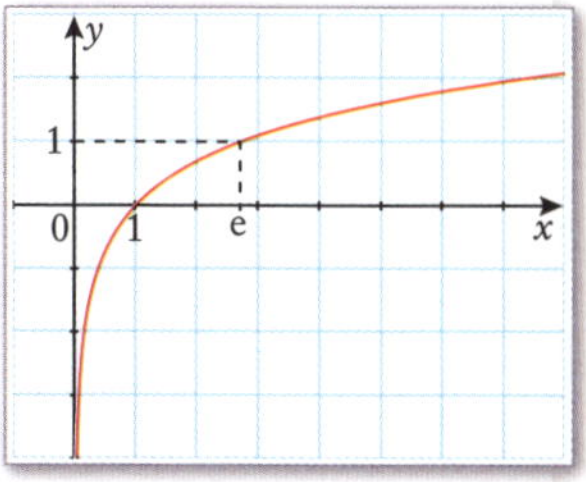

REMARQUE $\ln(\mathrm{e}) = 1$

2 Propriétés algébriques

Soit a et b deux réels strictement positifs et $n \in \mathbb{Q}$.

- $\ln(ab) = \ln a + \ln b$ (propriété fondamentale)
- $\ln\left(\dfrac{a}{b}\right) = -\ln\left(\dfrac{b}{a}\right)$, donc $\ln\left(\dfrac{1}{a}\right) = -\ln a$
- $\ln\left(\dfrac{a}{b}\right) = \ln a - \ln b$
- $\ln a^n = n \ln a$ donc $\ln\sqrt{a} = \dfrac{1}{2}\ln a$ car $\sqrt{a} = a^{\frac{1}{2}}$

3 Équations et inéquations

La dérivée de ln étant strictement positive sur $\mathbb{R}^{+*}$, ln est strictement croissante sur cet intervalle. Cela signifie que :

- a étant un réel strictement positif, $\ln x = \ln a \Leftrightarrow x = a$
- $\ln x \leqslant \ln a \Leftrightarrow x \leqslant a$

En particulier, $\ln x \geqslant 0 \Leftrightarrow x \geqslant 1$
et $\ln x \leqslant 0 \Leftrightarrow 0 < x \leqslant 1$

ATTENTION ! Un logarithme n'est pas toujours positif !

- $\forall\, b \in \mathbb{R} : \ln x = b \Leftrightarrow x = \mathrm{e}^b$ et $\ln x \leqslant b \Leftrightarrow 0 < x \leqslant \mathrm{e}^b$

MÉTHODE

Résoudre une inéquation comportant des logarithmes

Résoudre dans $\mathbb{R}$ l'inéquation $\left(x^2-\mathrm{e}\right)\ln\left(\dfrac{x-1}{x+3}\right) \geqslant 0$.

CONSEILS

- Il faut d'abord trouver l'ensemble de définition, puis étudier le signe du produit.
- Identifiez une identité remarquable et souvenez-vous du signe de $\ln X$.

SOLUTION

- ln est défini sur $\mathbb{R}^{+*}$, donc on doit avoir $x \neq -3$ et $\dfrac{x-1}{x+3} > 0$.

Le signe du quotient est celui du produit $(x-1)(x+3)$ dont les racines sont 1 et -3. Le signe est donc celui du coefficient de x^2, c'est-à-dire 1, à l'extérieur des racines.
C'est pourquoi $\mathscr{D} =]-\infty\,;-3[\,\cup\,]1\,;+\infty[$.

- Posons $X = \dfrac{x-1}{x+3}$.

$\ln X \geqslant 0$ si et seulement si $X \geqslant 1$. D'où :

$$X \geqslant 1 \Leftrightarrow \frac{x-1}{x+3} \geqslant 1 \Leftrightarrow \frac{x-1}{x+3} - 1 \geqslant 0 \Leftrightarrow \frac{-4}{x+3} \geqslant 0$$
$$\Leftrightarrow x+3 < 0 \Leftrightarrow x < -3$$

De plus, $x^2-\mathrm{e} = \left(x-\sqrt{\mathrm{e}}\right)\left(x+\sqrt{\mathrm{e}}\right)$.
Les deux racines de $x^2-\mathrm{e}=0$ sont $-\sqrt{\mathrm{e}}$ et $\sqrt{\mathrm{e}}$.
Comme $\sqrt{\mathrm{e}} \approx 1{,}65$, on obtient le tableau de signes suivant :

x	$-\infty$		-3		$-\sqrt{\mathrm{e}}$		1		$\sqrt{\mathrm{e}}$		$+\infty$
$\ln\dfrac{x-1}{x+3}$		+						−		−	
$x^2-\mathrm{e}$		+		+	0	−		−	0	+	
$\left(x^2-\mathrm{e}\right)\ln\dfrac{x-1}{x+3}$		+						+	0	−	

On voit donc que l'ensemble des solutions est $]-\infty\,;-3[\,\cup\,]1\,;\sqrt{\mathrm{e}}]$.

À NOTER ! Remarquez les crochets ouverts et fermés.

Calculer des limites de fonctions logarithmes

23

QUIZ p. 55

RAPPELS DE COURS

1 Limites usuelles

$\lim_{x \to 0^+} \ln x = -\infty$ et $\lim_{x \to +\infty} \ln x = +\infty$

Ci-contre, la courbe représente la fonction logarithme avec les tangentes aux points d'abscisses 1 (d'équation $y = x - 1$) et e (d'équation $y = \frac{1}{e}x$).

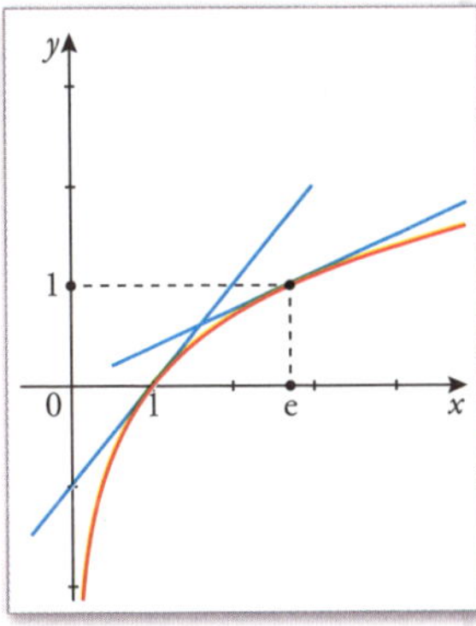

ATTENTION !
$\ln x$ n'a pas de limite quand $x \to -\infty$

2 Formes indéterminées

▶ Soit α un réel strictement positif :

$$\lim_{x \to +\infty} \frac{\ln x}{x^\alpha} = 0 \quad \text{et} \quad \lim_{x \to 0^+} x^\alpha \ln(x) = 0$$

REMARQUE On peut interpréter la première limite de la façon suivante : $\ln x$ est négligeable devant toute puissance positive de x en $+\infty$.

En particulier, en posant $\alpha = \frac{1}{2}$, on a $\lim_{x \to +\infty} \frac{\ln x}{\sqrt{x}} = 0$.

▶ $\lim_{x \to 1} \frac{\ln x}{x - 1} = 1$ et $\lim_{h \to 0} \frac{\ln(1+h)}{h} = 1$ (→ FICHE 24)

3 Calculs de limites de fonctions composées avec la fonction ln

Soit u une fonction strictement positive sur un ensemble de définition $\mathcal{D}_u$ et x_0 un point ou une borne de $\mathcal{D}_u$.

Pour calculer $\lim_{x \to x_0} \ln(u(x))$, il suffit de trouver $\lim_{x \to x_0} u(x)$.

- Si cette limite est ℓ ($\ell \in \mathbb{R}^{+*}$), alors $\lim_{x \to x_0} \ln(u(x)) = \ln(\ell)$.
- $u(x) \to +\infty \Rightarrow \ln(u(x)) \to +\infty$
- $u(x) \to 0^+ \Rightarrow \ln(u(x)) \to -\infty$

MÉTHODE

Déterminer les limites d'une fonction

Trouver les limites de f aux bornes de $\mathcal{D}_f$ avec $f(x) = x\ln\left(1+\frac{1}{x}\right)$.

Conseil

Pour lever l'indétermination, il suffit de modifier l'écriture de l'expression « bloquante » afin de se ramener à une forme indéterminée connue comme $\lim\limits_{x\to 1}\frac{\ln x}{x-1}$ ou $\lim\limits_{x\to 0^+} x\ln x$.

Solution

• Pour que f existe, il faut et il suffit que $x \neq 0$ et $1+\frac{1}{x} > 0$, c'est-à-dire $x \neq 0$ et $\frac{1+x}{x} > 0$.

Un rapide tableau de signes pour $\frac{1+x}{x}$ fournit immédiatement $\mathcal{D}_f =]-\infty, -1[\cup]0, +\infty[$.

• Quand $x \to +\infty$, on se ramène à une forme indéterminée connue en posant $X = \frac{1}{x}$ (et dans ce cas, on a $X \to 0^+$).

Alors $f(x) = \frac{1}{X}\ln(1+X) = \frac{\ln(1+X)}{X}$.

Donc $\lim\limits_{x\to+\infty} f(x) = \lim\limits_{X\to 0^+}\frac{\ln(1+X)}{X} = 1$.

ATTENTION ! Notez la différence entre x et X !

De même, $\lim\limits_{x\to-\infty} f(x) = 1$.

• Quand $x \to -1$, on a $1+\frac{1}{x} \to 0^+$ et donc $\ln\left(1+\frac{1}{x}\right) \to -\infty$.

Donc $f(x) \to +\infty$ par produit.

• Quand $x \to 0^+$, on a :

$$f(x) = x\ln\left(\frac{1+x}{x}\right) = x\ln(x+1) - x\ln x.$$

Comme $x\ln(x+1) \to 0$ et $x\ln x \to 0$, alors $f(x) \to 0$ par soustraction.

RAPPEL $\ln\left(\frac{a}{b}\right) = \ln a - \ln b$

• Bilan :

$\lim\limits_{x\to+\infty} f(x) = \lim\limits_{x\to-\infty} f(x) = 1$; $\lim\limits_{x\to-1} f(x) = +\infty$; $\lim\limits_{x\to 0} f(x) = 0$.

Dériver des fonctions logarithmes

24

QUIZ p. 55

RAPPELS DE COURS

1 Dérivées élémentaires

La fonction logarithme népérien est une **primitive** de la fonction $x \mapsto \frac{1}{x}$ sur $\mathbb{R}^{+*}$.

Donc ln est dérivable et, pour tout x de $\mathbb{R}^{+*}$, on a :

$$\ln'(x) = \frac{1}{x}$$

REMARQUES

- On peut aussi écrire $\frac{\mathrm{d}}{\mathrm{d}x}(\ln x) = \frac{1}{x}$.
- Il faut différencier $\ln'(x_0)$ et $\ln(x_0)'$, $x_0 \in \mathbb{R}^{+*}$.

$\ln'(x_0) = \frac{1}{x_0}$; c'est à rapprocher de la dérivée $f'(x_0)$ d'une fonction f dans le cas général.

$\ln(x_0)'$ est la dérivée d'une constante ; donc $\ln(x_0)' = 0$.

- Pour montrer que $\lim\limits_{x \to 1} \frac{\ln x}{x-1} = 1$ (→ FICHE 23), on utilise le nombre dérivé de ln en 1.

$$\lim_{x \to 1} \frac{\ln x}{x-1} = \lim_{x \to 1} \frac{\ln x - \ln 1}{x-1} = \ln'(1) = \frac{1}{1} = 1$$

2 Dérivées de fonctions composées de logarithmes

▶ Soit u une fonction strictement positive et dérivable sur un intervalle I. La fonction $f : x \mapsto \ln(u(x))$ est dérivable sur I et, pour tout x de I, $f'(x) = \frac{u'(x)}{u(x)}$.

▶ En particulier, a et b étant deux constantes réelles :

si $f(x) = \ln(ax+b)$ alors, pour tout x de $\mathscr{D}_f$,

$f'(x) = \frac{a}{ax+b}$. (→ FICHE 13)

> **À NOTER !** La dérivée de $\ln(u)$ n'est pas $\frac{1}{u}$.

MÉTHODE

Déterminer la dérivabilité et la dérivée d'une fonction avec logarithme

Soit f la fonction définie sur $\mathbb{R}^+$ par $f(x) = \begin{cases} x^2 \ln x \text{ si } x > 0 \\ 0 \text{ si } x = 0 \end{cases}$.

1. Calculer $f'(x)$ pour tout $x > 0$.

2. Examiner la dérivabilité de f en 0 en étudiant $\lim\limits_{x \to 0} \dfrac{f(x)}{x}$.

3. Qu'en déduit-on sur la demi-tangente à $\mathscr{C}_f$ en l'origine O ?

CONSEILS

1. Si $x > 0$, on repère un produit.

2. $\dfrac{f(x)}{x} = \dfrac{f(x) - f(0)}{x - 0}$

On ne peut pas se servir de la formule de $f'(x)$ pour savoir si f est dérivable en 0 car cette formule n'est valable que si $x > 0$.

3. Le coefficient de la demi-tangente en O est le nombre dérivé à droite en 0, s'il existe.

SOLUTION

1. Pour $x > 0$, les fonctions composant f sont dérivables.

> RAPPEL La dérivée de x^2 est $2x$.

On a donc : $f'(x) = 2x \ln x + x^2 \times \dfrac{1}{x} = 2x \ln x + x$.

2. Pour tout $x > 0$, $\lim\limits_{x \to 0} \dfrac{f(x) - f(0)}{x - 0} = \lim\limits_{x \to 0} \dfrac{f(x)}{x} = x \ln x$.

Or, on sait que $\lim\limits_{x \to 0^+} x \ln x = 0$.

> À NOTER ! Ici, la limite en 0 se confond avec la limite en 0^+.

Conclusion :

$\dfrac{f(x) - f(0)}{x - 0}$ admet une limite en 0.

Par conséquent, f est dérivable en 0 et $f'(0) = 0$.

3. La courbe représentant f admet donc au point d'abscisse 0 une demi-tangente de coefficient directeur 0 (tangente horizontale). Il s'agit de l'axe des abscisses.

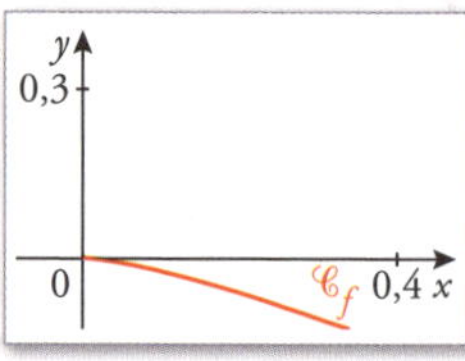

Reconnaître des primitives avec la fonction logarithme

25

QUIZ p. 55

RAPPELS DE COURS

1 Primitives élémentaires

La fonction logarithme népérien est une primitive de la fonction $f : x \mapsto \frac{1}{x}$ sur $\mathbb{R}^{+*}$. Toute autre primitive de f est donc de la forme $x \mapsto \ln x + k$, que l'on peut aussi écrire $x \mapsto \ln(ax)$ où $a > 0$ est défini par $\ln a = k$.

2 Primitives moins élémentaires

▶ Soit u une fonction définie et strictement positive sur un intervalle I, dérivable sur I.

La fonction $x \mapsto \frac{u'(x)}{u(x)}$ admet pour primitive la fonction :

$$x \mapsto \ln(u(x))$$

▶ Cas particulier : a et b étant deux constantes réelles ($a \neq 0$), si $f(x) = \frac{1}{ax+b}$, alors

$F(x) = \frac{1}{a}\ln|ax+b|$.

> À NOTER ! Remarquez la présence de la valeur absolue.

3 Primitives des fonctions rationnelles et trigonométriques

EXEMPLES Soit F une primitive d'une fonction f.

- Si $f(x) = \frac{2}{x^2-1}$, on a $f(x) = \frac{1}{x-1} - \frac{1}{x+1}$.

Donc, sur $]1\,;+\infty[$, on a $F(x) = \ln(x-1) - \ln(x+1)$, que l'on peut aussi écrire $F(x) = \ln\frac{x-1}{x+1}$.

- Sur $\left]-\frac{\pi}{2}\,;\frac{\pi}{2}\right[$, si $f(x) = \tan(x)$,

alors $f(x) = \frac{\sin x}{\cos x} = -\frac{-\sin x}{\cos x}$.

Donc $F(x) = -\ln(\cos x)$.

> RAPPEL $\cos' x = -\sin x$

Calculer une primitive d'une fonction composée

Soit la fonction u définie sur $\mathbb{R}$ par $u(x) = \sqrt{x^2+1} - x$.

Démontrer que $\mathcal{D}_u = \mathbb{R}$ et que, pour tout $x \in \mathbb{R}, u'(x) = \dfrac{-u(x)}{\sqrt{x^2+1}}$.

En déduire une primitive de $\dfrac{1}{\sqrt{x^2+1}}$.

Conseil

On est conduit à une forme $\dfrac{u'}{u}$, dont une primitive est $\ln(u)$.

Solution

Pour tout $x \in \mathbb{R} : x^2+1 > x^2 \Rightarrow \sqrt{x^2+1} > x$,
donc $\mathcal{D}_u = \mathbb{R}$ et $u(x) > 0$.

$$u'(x) = \frac{2x}{2\sqrt{x^2+1}} - 1 = \frac{2\left(x - \sqrt{x^2+1}\right)}{2\sqrt{x^2+1}} = -\frac{u(x)}{\sqrt{x^2+1}}$$

Comme $u(x) \neq 0$, on a $\dfrac{u'(x)}{u(x)} = -\dfrac{1}{\sqrt{x^2+1}}$; donc une primitive de $x \mapsto \dfrac{1}{\sqrt{x^2+1}}$ est $-\ln u(x)$, c'est-à-dire $-\ln\left(\sqrt{x^2+1} - x\right)$.

Déterminer une primitive par identification

Déterminer trois réels a, b et c tels que pour tout x de $\mathbb{R}^{+*}$:

$$\frac{1}{x(1+x)^2} = \frac{a}{x} + \frac{b}{1+x} + \frac{c}{(1+x)^2}$$

En déduire une primitive de $x \mapsto \dfrac{1}{x(1+x)^2}$.

Solution

On trouve après réduction au même dénominateur :

$$\frac{a}{x} + \frac{b}{1+x} + \frac{c}{(1+x)^2} = \frac{(a+b)x^2 + (2a+b+c)x + a}{x(1+x)^2}$$

Par identification : $a+b=0$, $2a+b+c=0$, $a=1$, c'est-à-dire $a=1, b=-1, c=-1$.

Donc, pour tout $x > 0$: $\dfrac{1}{x(1+x)^2} = \dfrac{1}{x} + \dfrac{-1}{1+x} + \dfrac{-1}{(1+x)^2}$.

C'est pourquoi $F(x) = \ln x - \ln(1+x) + \dfrac{1}{1+x}$.

Quiz express

Cochez la ou les bonnes réponses.

26

Fonction logarithme

1 *Les propriétés algébriques*

Soit a et b deux réels strictement positifs.

- ☐ **a.** $\ln a + \ln b = \ln(ab)$
- ☐ **b.** $\ln(a-b) = \dfrac{\ln a}{\ln b}$
- ☐ **c.** $\ln(-b) = \dfrac{1}{\ln b}$
- ☐ **d.** $-\ln b = \ln\left(\dfrac{1}{b}\right)$

2 *La résolution d'équations*

- ☐ **a.** L'équation $\ln x = -1$ n'a pas de solution.
- ☐ **b.** $\ln\left(\dfrac{1}{x}\right) = 1 \Rightarrow x = -\mathrm{e}$
- ☐ **c.** $\ln x = 0 \Rightarrow x = 1$
- ☐ **d.** $\ln x = 1 \Rightarrow x = \dfrac{1}{\mathrm{e}}$

3 *Les limites*

- ☐ **a.** La courbe de la fonction logarithme népérien a une asymptote horizontale en $+\infty$.
- ☐ **b.** La courbe de la fonction logarithme népérien a une asymptote verticale.
- ☐ **c.** $\lim\limits_{x \to +\infty} \dfrac{x}{\ln x} = 0$
- ☐ **d.** $\lim\limits_{x \to 0^+} x^2 \ln x = 0$

4 *Les dérivées*

- ☐ **a.** $g(x) = \ln(x^2+1) \Rightarrow g'(x) = \dfrac{1}{x^2+1}$
- ☐ **b.** $g(x) = (\ln x)^2 \Rightarrow g'(x) = \dfrac{2}{x}\ln x$
- ☐ **c.** $g(x) = \dfrac{1}{\ln x} \Rightarrow g'(x) = -\dfrac{1}{x(\ln x)^2}$

5 *Les primitives*

- ☐ **a.** Une primitive de $\dfrac{1}{x}$ sur $\mathbb{R}^{+*}$ est $\ln x$.
- ☐ **b.** Une primitive de $\dfrac{1}{2x-1}$ sur $\left]\dfrac{1}{2};+\infty\right[$ est $\dfrac{1}{2}\ln(2x-1)$.
- ☐ **c.** Une primitive de $\dfrac{1}{\ln x}$ sur $]1;+\infty[$ est $\ln(\ln x)$.

Corrigés

Score : ... / 5

1 Les propriétés algébriques

Fiche 22

a. Vrai.

b. Faux. Ne pas confondre avec $\ln\left(\frac{a}{b}\right) = \ln a - \ln b$.

c. Faux.

d. Vrai.

2 La résolution d'équations

Fiche 22

a. Faux. $\ln x = -1 \Rightarrow x = e^{-1} = \frac{1}{e}$

b. Faux. $\ln\left(\frac{1}{x}\right) = 1 \Leftrightarrow -\ln x = 1 \Leftrightarrow \ln x = -1 \Leftrightarrow x = \frac{1}{e}$

c. Vrai. $\ln(1) = 0$

d. Faux. $\ln x = 1 \Leftrightarrow x = e$

3 Les limites

Fiche 23

a. Faux. $\lim\limits_{x \to +\infty} \ln x = +\infty$ donc $\mathscr{C}_{\ln}$ n'a pas d'asymptote horizontale en $+\infty$.

b. Vrai. Son équation est $x = 0$.

c. Faux. $\lim\limits_{x \to +\infty} \frac{\ln x}{x} = 0^+ \Rightarrow \lim\limits_{x \to +\infty} \frac{x}{\ln x} = +\infty$

d. Vrai. On le montre par croissances comparées.

4 Les dérivées

Fiche 24

a. Faux. La dérivée de $\ln u$ étant $\frac{u'}{u}$, on trouve $g'(x) = \frac{2x}{x^2+1}$.

b. Vrai. On utilise la dérivée de u^2 qui est $2u'u$; ici $u(x) = \ln x$.

c. Vrai. La dérivée de $\frac{1}{u} = u^{-1}$ est $-u'u^{-2} = -\frac{u'}{u^2}$; ici $u(x) = \ln x$.

5 Les primitives

Fiche 25

a. Vrai.

b. Vrai. Une primitive de $\frac{1}{ax+b}$ est $\frac{1}{a}\ln(ax+b)$.

c. Faux. On peut concevoir $\ln(\ln x)$ sous la forme $\ln(u)$ où $u(x) = \ln x$.

Sa dérivée est $\frac{u'}{u}$, soit $\frac{1}{x\ln x}$.

> **RAPPEL**
> Une primitive de $\frac{1}{u}$ n'est pas $\ln u$.

Déterminer des primitives

27

QUIZ p. 63

RAPPELS DE COURS

1 Relation entre primitive et dérivée

Soit f une fonction continue sur un intervalle I.

▶ Dire que F est une **primitive** de f sur I signifie que F est dérivable sur I et que, pour tout $x \in$ I, $F'(x) = f(x)$.

EXEMPLE $\dfrac{x^2}{2} + 100$ est une primitive de x sur $\mathbb{R}$.

▶ Si F est une primitive de f, alors toute fonction de la forme $x \mapsto F(x) + k$, où k est une constante arbitraire, est aussi une primitive de f.

REMARQUE On parle d'**une** primitive de f alors qu'on parle de **la** dérivée de f. En effet, toute fonction continue sur I admet une infinité de primitives (et une seule dérivée, quand celle-ci existe).

▶ Soit f une fonction continue sur un intervalle I, x_0 un nombre de I et λ une constante. Il existe une et une seule primitive F de f sur I prenant la valeur λ en x_0. Autrement dit, il existe une et une seule primitive de f sur I telle que $F(x_0) = \lambda$.

On écrit alors :

$$F(x) = \int_{x_0}^{x} f(t)\,\mathrm{d}t + \lambda.$$

(→ FICHE 28)

À NOTER ! On peut aussi écrire $F(x) = \int_{x_0}^{x} f(u)\,\mathrm{d}u$.

EXEMPLE Pour tout $x \in \left]0\,;+\infty\right[$, $\ln x = \int_1^x \frac{1}{t}\,\mathrm{d}t$ (→ FICHE 22)

REMARQUE Il faut bien différencier les bornes de l'intégrale x_0, x et la variable d'intégration t.

2 Trouver une primitive d'une fonction continue

THÉORÈME Toute fonction continue sur un intervalle admet des primitives.

▶ Pour trouver la primitive d'une fonction donnée, on utilise le tableau des dérivées (→ DÉPLIANT, X ET FICHE 13) par lecture inverse, ou directement le tableau des primitives (→ DÉPLIANT, IX).

▶ Soit f et g deux fonctions définies sur le même intervalle I, et α et β deux nombres donnés.
Une primitive de $\alpha f + \beta g$ est $\alpha F + \beta G$.

MISE EN GARDE Une primitive de $u \times v$ **n'est pas** $U \times V$; celle de $\frac{u}{v}$ **n'est pas** $\frac{U}{V}$!

▶ Pour vérifier qu'une fonction F donnée est la primitive d'une fonction f, on dérive F et on vérifie que $F'(x) = f(x)$.

MÉTHODE

Déterminer une primitive et une tangente à sa courbe

1. On considère la fonction f définie sur $\mathbb{R}$ par $f(x) = x^2 e^x$. Trouver une primitive F de f de la forme $(ax^2 + bx + c)e^x$.
2. Trouver la primitive G de f qui prend la valeur 2 en -1.
3. Donner une équation de la tangente à la courbe représentant G au point d'abscisse -1.

Conseils

1. On sait que $F'(x) = f(x)$ et on utilise la dérivée d'un produit.
2. G prend la valeur 2 en -1 signifie que $G(-1) = 2$.

Solution

1. Pour tout $x \in \mathbb{R}$, $F'(x) = (2ax + b)e^x + (ax^2 + bx + c)e^x$
$= (ax^2 + (b + 2a)x + c + b)e^x$
Puisque $f(x) = (1x^2 + 0x + 0)e^x$ et $F'(x) = f(x)$,
on aboutit par identification à $a = 1$, $b + 2a = 0$ et $c + b = 0$.
D'où $a = 1$, $b = -2$, $c = 2$ et $F(x) = (x^2 - 2x + 2)e^x$.
2. Toute primitive G de f s'écrit sous la forme $G(x) = F(x) + k$ où k est une constante arbitraire.
Donc $G(-1) = 2 \Leftrightarrow F(-1) + k = 2 \Leftrightarrow (1 + 2 + 2)e^{-1} + k = 2$
$\Leftrightarrow k = 2 - 5e^{-1}$
Par conséquent, $G(x) = (x^2 - 2x + 2)e^x + 2 - 5e^{-1}$.
3. On sait que $G'(-1) = f(-1) = e^{-1}$. De plus, $G(-1) = 2$.
L'équation cherchée est donc $y = G'(x_0)(x - x_0) + G(x_0)$,
c'est-à-dire $y = \frac{1}{e}(x + 1) + 2$.

Calculer des intégrales

28

QUIZ p. 63

RAPPELS DE COURS

1 *Définition de l'intégrale*

Soit f une fonction continue sur un intervalle I, et a et b deux points de I. Soit F une primitive de f sur I.
Alors le nombre $F(b)-F(a)$ est indépendant du choix de F ; il s'appelle **intégrale de f** entre a et b et :

$$\int_a^b f(t)\,dt = F(b)-F(a) = [F(t)]_a^b$$

À NOTER ! $\int_a^a f(t)\,dt = 0$

En particulier, on a $\int_b^a f(t)\,dt = -\int_a^b f(t)\,dt$.

2 *Propriétés de l'intégrale*

Soit f et g deux fonctions définies sur I et $\lambda \in \mathbb{R}$.

- $\int_a^b (f(t)+g(t))\,dt = \int_a^b f(t)\,dt + \int_a^b g(t)\,dt$
- $\int_a^b \lambda f(t)\,dt = \lambda \int_a^b f(t)\,dt = \lambda [F(t)]_a^b$
- Si, pour tout t de I, $f(t) \geqslant g(t)$, alors :

– si $a < b$, $\int_a^b f(t)\,dt \geqslant \int_a^b g(t)\,dt$;

– si $a > b$, $\int_a^b f(t)\,dt \leqslant \int_a^b g(t)\,dt$.

En particulier, quand $f(t) \geqslant 0$ sur I :
si $a < b$, alors $\int_a^b f(t)\,dt \geqslant 0$ et si $a > b$, alors $\int_a^b f(t)\,dt \leqslant 0$.

- **Relation de Chasles** Soit c un réel de I. Alors :

$$\int_a^c f(t)\,dt = \int_a^b f(t)\,dt + \int_b^c f(t)\,dt$$

3 *Valeur moyenne d'une fonction*

Soit f une fonction définie sur un intervalle I, et $a \in$ I et $b \in$ I.

- $\frac{1}{b-a}\int_a^b f(t)\,dt$ s'appelle la **valeur moyenne** de f entre a et b.
- S'il existe deux réels m et M tels que, $\forall t \in [a\,;b]$ avec $a \leqslant b$, $m \leqslant f(t) \leqslant M$, alors $m(b-a) \leqslant \int_a^b f(t)\,dt \leqslant M(b-a)$.

MÉTHODE

Calculer une intégrale dépendant d'un paramètre entier

On considère un entier naturel n et on pose $I_n = \int_0^1 \frac{x^n}{\sqrt{1+x^2}}\,dx$.

1. Trouver la dérivée de $x \overset{f}{\mapsto} \ln\left(x+\sqrt{x^2+1}\right)$.

2. Calculer I_0 et I_1.

Conseils

1. Utilisez la dérivée de $\ln u$ qui est $\frac{u'}{u}$.

2. Pensez à une primitive de $\frac{v'}{2\sqrt{v}}$ pour le calcul de I_1.

Solution

1. Posons $u(x) = x+\sqrt{x^2+1}$.

Alors $u'(x) = 1+\frac{2x}{2\sqrt{x^2+1}} = 1+\frac{x}{\sqrt{x^2+1}} = \frac{\sqrt{x^2+1}+x}{\sqrt{x^2+1}}$

Donc, pour tout x de $\mathbb{R}$,

$$f'(x) = \frac{\dfrac{\sqrt{x^2+1}+x}{\sqrt{x^2+1}}}{\sqrt{x^2+1}+x}.$$

RAPPEL La dérivée de $\sqrt{u}$ est $\frac{u'}{2\sqrt{u}}$.

Ainsi, $f'(x) = \frac{\sqrt{x^2+1}+x}{\sqrt{x^2+1}} \times \frac{1}{x+\sqrt{x^2+1}} = \frac{1}{\sqrt{x^2+1}}$.

2. f est donc une primitive de $x \mapsto \frac{1}{\sqrt{x^2+1}}$.

$$I_0 = \int_0^1 \frac{x^0}{\sqrt{x^2+1}}\,dx = \int_0^1 \frac{1}{\sqrt{x^2+1}}\,dx = [f(x)]_0^1 = f(1)-f(0).$$

Donc $I_0 = \ln\left(1+\sqrt{1^2+1}\right) - \ln(1) \Rightarrow I_0 = \ln\left(1+\sqrt{2}\right)$.

$$I_1 = \int_0^1 \frac{x}{\sqrt{x^2+1}}\,dx = \int_0^1 \frac{2x}{2\sqrt{x^2+1}}\,dx$$

Or $\frac{2x}{2\sqrt{x^2+1}}$ est de la forme $\frac{v'}{2\sqrt{v}}$ avec $v(x) = 1+x^2$.

RAPPEL Une primitive de $\frac{v'}{2\sqrt{v}}$ est $\sqrt{v}$.

C'est pourquoi $I_1 = \left[\sqrt{1+x^2}\right]_0^1 = \sqrt{1+1^2} - \sqrt{1+0^2} = \sqrt{2}-1$.

Calculer des aires

29

QUIZ p. 63

RAPPELS DE COURS

1 Relation entre aire et primitive

Étant donné une fonction f positive sur un intervalle I et deux réels a et b de I tels que $a \leqslant b$, l'aire du domaine coloré est égale à $\int_a^b f(t)\,\mathrm{d}t$.

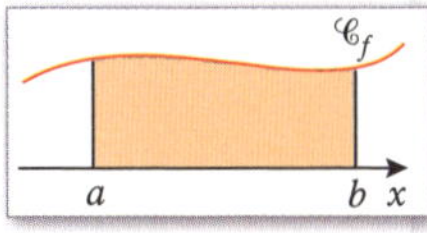

REMARQUES

- Si f est négative, l'aire est égale à $-\int_a^b f(t)\,\mathrm{d}t$.
- L'axe des ordonnées n'est pas représenté : il peut se situer n'importe où pourvu qu'il soit perpendiculaire à l'axe des abscisses et dirigé dans ce cas de figure « vers le haut ».

2 Unités d'aire

L'aire s'exprime en unités d'aire (u.a.) ; une unité d'aire est l'aire d'un rectangle dont les côtés ont les longueurs de $\vec{i}$ et de $\vec{j}$.

RAPPEL Le rectangle est un carré lorsque le repère est orthonormé.

Si on veut exprimer l'aire en cm^2, par exemple, il est nécessaire de connaître les mesures des vecteurs $\vec{i}$ et $\vec{j}$ en cm.

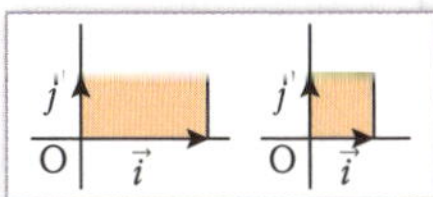

3 Aire comprise entre deux courbes

L'aire « sandwich » du domaine hachuré est égale à :

$$\mathscr{A} = \int_b^a \big(f(x) - g(x)\big)\mathrm{d}x + \int_b^c \big(g(x) - f(x)\big)\mathrm{d}x$$

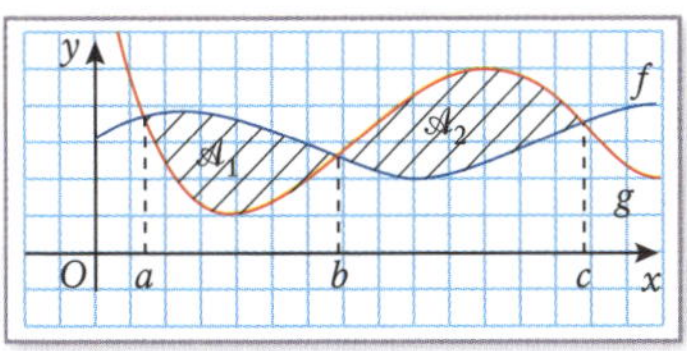

À NOTER ! On prend toujours la plus grande « valeur » moins la plus petite « valeur ».

MÉTHODE

Calculer une aire entre une courbe et son asymptote

On considère la fonction f définie sur $\mathbb{R}$ par :

$$x \mapsto x+1+\frac{x}{x^2+1}$$

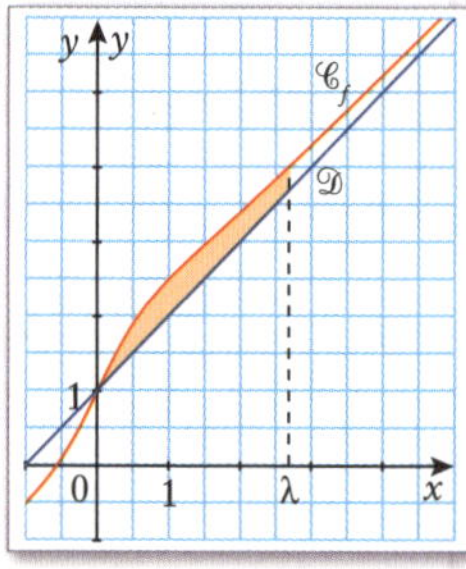

1. Montrer que la droite $\mathscr{D}$ d'équation $y = x+1$ est asymptote à $\mathscr{C}_f$ en $+\infty$.

2. Interpréter le domaine coloré et calculer la limite de son aire quand λ tend vers $+\infty$.

CONSEIL

2. La figure représente la courbe $\mathscr{C}_f$ et son asymptote d'équation $y = x+1$.

SOLUTION

1. Pour tout $x \neq 0$, $f(x)-(x+1) = \dfrac{x}{x^2+1} = \dfrac{1}{x\left(1+\dfrac{1}{x^2}\right)}$.

On a $\lim\limits_{x\to+\infty} 1+\dfrac{1}{x^2} = 1 \Rightarrow \lim\limits_{x\to+\infty} \dfrac{1}{x\left(1+\dfrac{1}{x^2}\right)} = \lim\limits_{x\to+\infty} \dfrac{1}{x} = 0$.

Donc $\lim\limits_{x\to+\infty} f(x)-(x+1) = 0$. C'est pourquoi la droite $\mathscr{D}$ d'équation $y = x+1$ est asymptote à $\mathscr{C}_f$ en $+\infty$.

2. Le domaine coloré est compris entre la courbe et son asymptote.

Il s'agit d'une aire « sandwich ».

Son aire $\mathscr{A}$ est donc égale à :

$$\int_0^{\lambda}(f(x)-(x-1))\,\mathrm{d}x = \int_0^{\lambda}\frac{x}{x^2+1}\,\mathrm{d}x$$

$$= \frac{1}{2}\left[\ln\left(x^2+1\right)\right]_0^{\lambda} = \frac{1}{2}\ln(1+\lambda^2)$$

En effet, $\dfrac{x}{x^2+1} = \dfrac{1}{2}\dfrac{2x}{x^2+1}$ est de la forme $\dfrac{u'}{u}$.

Comme $\lim\limits_{\lambda\to+\infty} \dfrac{1}{2}\ln(1+\lambda^2) = +\infty$, l'aire $\mathscr{A}$ tend vers $+\infty$ quand $\lambda \to +\infty$.

Quiz express

Cochez la ou les bonnes réponses.

30

Calcul intégral

On donne deux fonctions f et g continues sur un intervalle I, dont les courbes sont respectivement $\mathscr{C}_f$ et $\mathscr{C}_g$.
a et b sont deux points de I.
F et G sont des primitives respectives de f et g.

1 Le calcul des primitives

☐ **a.** f admet sur I une infinité de primitives.

☐ **b.** Il existe une et une seule primitive de f qui prend la valeur 100 en x_0, x_0 étant un point de I.

☐ **c.** $2F$ est une autre primitive de f.

2 Le calcul intégral

☐ **a.** Quand on calcule $\int_a^b f(x)\,\mathrm{d}x$, alors on a obligatoirement $a \leqslant b$.

☐ **b.** Si, pour tout $x \in \mathrm{I}$, on a $f(x) \geqslant 0$, alors $\int_a^b f(x)\,\mathrm{d}x \geqslant 0$.

☐ **c.** $\int_a^b f(x)\,\mathrm{d}x + \int_a^b g(x)\,\mathrm{d}x = \int_a^b (f(x)+g(x))\,\mathrm{d}x$

☐ **d.** $\int_a^b f(x)g(x)\,\mathrm{d}x = [F(x)G(x)]_a^b$

3 La parité

☐ **a.** Si f est impaire, alors $\int_{-a}^a f(x)\,\mathrm{d}x = 0$.

☐ **b.** Si f est paire, alors $\int_{-a}^a f(x)\,\mathrm{d}x = 2\int_0^a f(x)\,\mathrm{d}x$.

4 Signe de l'intégrale et de la fonction

☐ **a.** $\int_a^b f(x)\,\mathrm{d}x = 0 \Rightarrow f(x) = 0$ pour tout x compris entre a et b.

☐ **b.** Si $a \leqslant b$ et si $\int_a^b f(x)\,\mathrm{d}x \geqslant 0$, alors $f(x) \geqslant 0$ pour tout $x \in \mathrm{I}$.

Corrigés !

Score : ... / 4

1 Le calcul des primitives

Fiche 27

a. Vrai. Toute primitive de f est de la forme $F + \lambda$ où λ est une constante arbitraire.

b. Vrai.

c. Faux. La dérivée de $2F$ est $2f$. Si F n'est pas constante, donc quand f est non nulle, on a $2f(x) \neq f(x)$. Donc $2F$ est une primitive de f si et seulement si f est la fonction nulle.

2 Le calcul intégral

Fiches 27 et 28

a. Faux.

b. Faux. L'implication est vraie si $a \leqslant b$, mais elle est fausse si $a \geqslant b$. Ainsi $\int_1^0 x^2\,dx = \left[\frac{x^3}{3}\right]_1^0 = -\frac{1}{3}$ est négatif bien que x^2 soit positif sur $\mathbb{R}$.

c. Vrai.

d. Faux. En général, l'égalité est fausse car la dérivée de FG est $fG + Fg$. Elle est vraie si l'une des deux fonctions f et g est constante, de valeur λ car $\int_a^b \lambda g(x)\,dx = [\lambda G(x)]_a^b$.

> RAPPEL
> $\int_a^b \lambda g(x)\,dx = \lambda \int_a^b g(x)\,dx$

3 La parité

Fiche 28

a. Vrai. Si f est impaire, alors $\mathscr{C}_f$ est symétrique par rapport à l'origine donc $\int_{-a}^0 f(x)\,dx = -\int_0^a f(x)\,dx$.

D'où $\int_{-a}^a f(x)\,dx = \int_{-a}^0 f(x)\,dx + \int_0^a f(x)\,dx = 0$.

b. Vrai. Si f est paire, alors $\mathscr{C}_f$ est symétrique par rapport à l'axe des ordonnées donc $\int_{-a}^0 f(x)\,dx = \int_0^a f(x)\,dx$.

D'où $\int_{-a}^a f(x)\,dx = \int_{-a}^0 f(x)\,dx + \int_0^a f(x)\,dx = 2\int_0^a f(x)\,dx$.

4 Signe de l'intégrale et de la fonction

Fiche 28

a. Faux. Puisque la fonction $x \mapsto x$ est impaire, $\int_{-1}^1 x\,dx = 0$ et pourtant $x \mapsto x$ n'est pas nulle sur $[-1 ; 1]$.

b. Faux. $\int_{-1}^2 x\,dx = \left[\frac{x^2}{2}\right]_{-1}^2 = \frac{3}{2}$ mais la fonction $x \mapsto x$ n'est pas positive sur $[-1 ; 2]$.

Connaître le conditionnement et l'indépendance

31

? QUIZ p. 73

RAPPELS DE COURS

1 Probabilité conditionnelle

Soit A un événement de probabilité non nulle.
On appelle **probabilité de B sachant A** le nombre :

$$p_{\mathrm{A}}(\mathrm{B}) = \frac{p(\mathrm{B} \cap \mathrm{A})}{p(\mathrm{A})}$$

D'où la formule dite des probabilités composées :
$p(\mathrm{A} \cap \mathrm{B}) = p_{\mathrm{A}}(\mathrm{B})\,p(\mathrm{A})$.

REMARQUE p_{A} a toutes les propriétés d'une probabilité :
$p_{\mathrm{A}}(\overline{\mathrm{B}}) = 1 - p_{\mathrm{A}}(\mathrm{B})$ et
$p_{\mathrm{A}}(\mathrm{B} \cup \mathrm{C}) = p_{\mathrm{A}}(\mathrm{B}) + p_{\mathrm{A}}(\mathrm{C}) - p_{\mathrm{A}}(\mathrm{B} \cap \mathrm{C})$ (→ DÉPLIANT, I)

2 Événements indépendants, événements incompatibles

▶ Événements incompatibles et événements indépendants sont deux notions bien distinctes.

- Dire que deux événements A et B sont **indépendants** signifie que :

$$p(\mathrm{A} \cap \mathrm{B}) = p(\mathrm{A})\,p(\mathrm{B})$$

REMARQUE Si A et B sont indépendants, alors $\overline{\mathrm{A}}$ et B le sont aussi, ainsi que $\overline{\mathrm{A}}$ et $\overline{\mathrm{B}}$.

- « A et B sont **incompatibles** » signifie $\mathrm{A} \cap \mathrm{B} = \varnothing$.

▶ L'incompatibilité se conçoit donc en dehors de toute probabilité. L'indépendance de deux événements se conçoit en fonction d'une probabilité.
Cependant, si A et B sont incompatibles et non vides alors A et B ne sont pas indépendants.

3 Calcul de $p(A \cap B)$

Dans la pratique, pour calculer $p(\mathrm{A} \cap \mathrm{B})$, on peut utiliser :
1. la formule des probabilités composées, qui se réduit à $p(\mathrm{A} \cap \mathrm{B}) = p(\mathrm{A})\,p(\mathrm{B})$ dans le cas où A et B sont indépendants ;
2. la formule $p(\mathrm{A} \cap \mathrm{B}) = p(\mathrm{A}) + p(\mathrm{B}) - p(\mathrm{A} \cup \mathrm{B})$.
Le contexte permet de trancher.

MÉTHODE

Déterminer des probabilités conditionnelles dans un tirage

Un sac contient des pièces anciennes exclusivement en or (O) et en argent (A). Certaines proviennent du pays X, les autres du pays Y, et d'aucun autre pays.

1. Interpréter et compléter le tableau ci-contre.

	O	A	Total
X			0,56
Y		0,23	
Total	0,45		

On prélève une pièce au hasard.

2. Quelle est la probabilité qu'elle soit en or et provienne du pays X ?

3. Quelle est la probabilité qu'elle soit en or sachant qu'elle provient du pays X ?

4. Les événements O et X sont-ils indépendants ?

5. Vérifier que le tableau ci-contre est cohérent.
O et X sont-ils indépendants ?

	O	A	Total
X	360	440	800
Y	315	385	700
Total	675	825	1 500

Conseil

1. Le total des pièces en or et en argent est égal à 1.

Solution

1. On trouve 0,55 en effectuant $1-0,45$.
On trouve 0,32 en effectuant 0,55 – 0,23, etc.

	O	A	Total
X	0,24	0,32	0,56
Y	0,21	0,23	0,44
Total	0,45	0,55	1

2. On cherche $p(\mathrm{O} \cap \mathrm{X})$, soit 0,24 par lecture du tableau.

3. On cherche $p_{\mathrm{X}}(\mathrm{O})$. On a $p_{\mathrm{X}}(\mathrm{O}) = \dfrac{p(\mathrm{X} \cap \mathrm{O})}{p(\mathrm{X})} = \dfrac{0,24}{0,56} = \dfrac{3}{7}$.

4. $p_{\mathrm{X}}(\mathrm{O}) \neq p(\mathrm{O})$: O et X ne sont donc pas indépendants.

5. Ici $p(\mathrm{X} \cap \mathrm{O}) = \dfrac{360}{1\,500} = 0,24$,

$$p(\mathrm{O})\,p(\mathrm{X}) = \frac{675 \times 800}{1\,500 \times 1\,500} = 0,24.$$

Les deux événements sont ici indépendants !

Utiliser la formule des probabilités totales

32

QUIZ p. 73

RAPPELS DE COURS

1 *Construire un arbre de probabilité pondéré*

On considère des événements A_1, A_2, A_3 non vides, deux à deux disjoints et dont la réunion est l'univers Ω tout entier.
On dit que ces événements forment une **partition** de Ω, ou qu'ils forment **un système complet d'événements** de Ω.

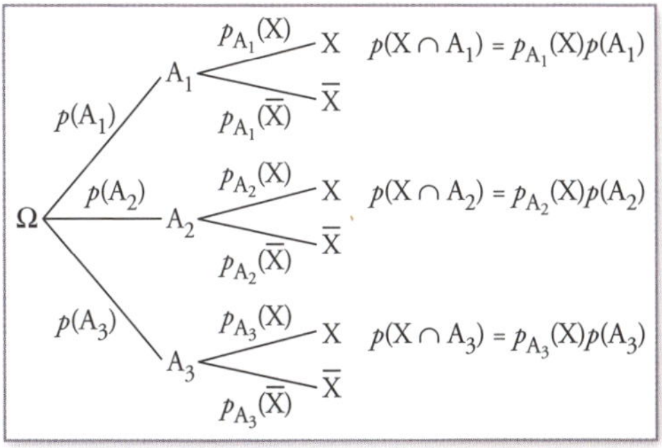

Pour tout événement X, on calcule $p(X \cap A_1)$ en multipliant les probabilités situées sur les branches de l'arbre qui arrivent à X en passant par A_1.

> **À NOTER !** On procède de la même manière pour A_2 et A_3 !

REMARQUE La somme des probabilités des branches de même origine est égale à 1. Par exemple $p_{A_1}(X) + p_{A_1}(\overline{X}) = 1$.

2 *Formule des probabilités totales*

Dans les mêmes conditions que ci-dessus, la probabilité de X est donnée par la **formule des probabilités totales** :

$$p(X) = p(X \cap A_1) + p(X \cap A_2) + p(X \cap A_3)$$

$$p(X) = p_{A_1}(X)\,p(A_1) + p_{A_2}(X)\,p(A_2) + p_{A_3}(X)\,p(A_3)$$

REMARQUE Souvent, on utilise la formule des probabilités totales lorsqu'on considère un événement A et son contraire (blanc, noir ; pair, impair ; défectueux, non défectueux ; etc.). Ainsi :

$$p(X) = p(X \cap A) + p(X \cap \overline{A}) = p_A(X)\,p(A) + p_{\overline{A}}(X)\,p(\overline{A})$$

MÉTHODE

Déterminer des probabilités dans un tirage de boules associé au jet d'un dé

Une urne A contient 3 boules noires et 2 boules blanches.
Une urne B contient 4 boules noires et 6 boules blanches.
On jette un dé non pipé ; si c'est le 1 ou le 6 qui sort, on prélève une boule au hasard dans l'urne A, sinon on en prélève une dans l'urne B.

1. Quelle est la probabilité de tirer une boule blanche ?

2. Quelle est la probabilité que l'urne choisie soit l'urne A sachant que l'on a tiré une boule blanche ?

Conseil

1. Prélever une boule dans A équivaut à avoir tiré 1 ou 6 au dé ; donc prélever une boule dans B équivaut à avoir tiré 2, 3, 4 ou 5.

Solution

1. Notons X l'événement : « La boule tirée est blanche » et A l'événement : « On prélève une boule dans l'urne A ».

On construit l'arbre ci-contre.

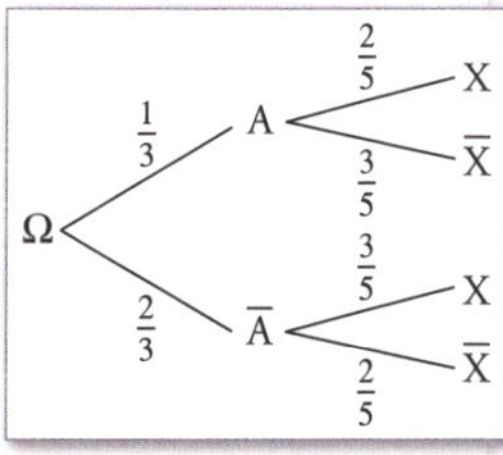

$p(A) = \frac{2}{6} = \frac{1}{3}$ donc $p(\overline{A}) = \frac{2}{3}$.

De plus, les compositions des urnes font que :

$$p_A(X) = \frac{2}{3+2} = \frac{2}{5} \text{ et } p_{\overline{A}}(X) = \frac{6}{4+6} = \frac{3}{5}.$$

Donc : $p(X) = p_A(X)\,p(A) + p_{\overline{A}}(X)\,p(\overline{A})$

$$\Rightarrow p(X) = \frac{2}{5} \times \frac{1}{3} + \frac{3}{5} \times \frac{2}{3} \Rightarrow p(X) = \frac{8}{15}$$

2. On cherche $p_X(A)$ et on trouve $\frac{p(A \cap X)}{p(X)} = \frac{p_A(X)\,p(A)}{p(X)}$.

Par conséquent :

$$p_X(A) = \frac{\frac{2}{5} \times \frac{1}{3}}{\frac{8}{15}} = \frac{1}{4}.$$

REMARQUE La valeur de $p_X(A)$ n'apparaît pas dans l'arbre !

Connaître les variables aléatoires discrètes

33

? QUIZ p. 73

RAPPELS DE COURS

1 *Définition*

Considérons une expérience aléatoire.
Une **variable aléatoire** X est une application qui, à tout événement élémentaire, associe un nombre. Dans le cas où elle prend un nombre fini de valeurs, on parle de variable aléatoire discrète.

2 *Loi de probabilité d'une variable aléatoire*

On note $X(\Omega) = \{x_1, \ldots, x_n\}$ l'ensemble des valeurs prises par X.

La **loi de probabilité de X** est l'application f définie pour tout $x \in \mathbb{R}$ par $f(x) = p(X = x)$.
Pour décrire la loi de probabilité de X, on utilise un tableau.

x	x_1	x_2	…	x_n
$p(X = x)$	p_1	p_2	…	p_n

RAPPEL $\sum_{k=1}^{n} p_k = 1$

3 *Espérance, variance, écart-type*

▶ L'**espérance** de X est le nombre noté $E(X)$ ainsi défini :

$$E(X) = \sum_{k=1}^{n} p_k x_k$$

▶ La **variance** de X est le nombre noté $V(X)$ ainsi défini :

$$V(X) = \sum_{k=1}^{n} p_k \left(x_k - E(X)\right)^2$$
$$= \sum_{k=1}^{n} p_k x_k^2 - \left(E(X)\right)^2$$

À NOTER !
La variance s'écrit aussi $E(X^2) - (E(X))^2$.

▶ L'**écart-type** de X est le nombre noté $\sigma(X)$ ainsi défini :
$\sigma(X) = \sqrt{V(X)}$.

PROPRIÉTÉS Pour tous réels a et b :

- $E(aX + b) = aE(X) + b$
- $V(aX + b) = a^2 V(X) + b$
- $\sigma(aX + b) = |a|\sigma(X)$

MÉTHODE

Étudier une variable aléatoire discrète

Une urne contient trois boules numérotées 1, 2 et 3.
On effectue deux tirages successifs d'une boule avec remise.
Soit X la variable aléatoire égale à la somme des nombres portés par les deux boules.

1. Déterminer la loi de probabilité de X.

2. Un joueur perd 6 € si le total est égal à 4, gagne 2 € si le total est 3 ou 5 et gagne 4 € si le total est égal à 2 ou 6.
Soit Y la variable aléatoire représentant le gain du joueur.
Déterminer la loi de Y, puis calculer son espérance et sa variance.

CONSEIL

2. Utilisez la loi de X.

SOLUTION

1. L'ensemble des valeurs prises par X est $X(\Omega) = \{2, 3, 4, 5, 6\}$.

Il y a neuf combinaisons possibles. Les valeurs de la somme sont obtenues comme dans le tableau à double entrée.

	1	2	3
1	2	3	4
2	3	4	5
3	4	5	6

Le tableau ci-contre résume la loi de X.

x	2	3	4	5	6
$p(X = x)$	$\frac{1}{9}$	$\frac{2}{9}$	$\frac{3}{9}$	$\frac{2}{9}$	$\frac{1}{9}$

2. D'après l'énoncé $Y(\Omega) = \{-6, 2, 4\}$.

- On a $p(Y = -6) = p(X = 4)$

$p(Y = 2) = p(X = 3) + p(X = 5)$

$p(Y = 4) = p(X = 2) + p(X = 6)$

Le tableau ci-contre résume la loi de Y.

x	-6	2	4
$p(Y = x)$	$\frac{3}{9}$	$\frac{4}{9}$	$\frac{2}{9}$

- $E(Y) = -6 \times \frac{3}{9} + 2 \times \frac{4}{9} + 4 \times \frac{2}{9} \Rightarrow E(Y) = -\frac{2}{9}$

- $V(Y) = \frac{3}{9}\left(-6 + \frac{2}{9}\right)^2 + \frac{4}{9}\left(2 + \frac{2}{9}\right)^2 + \frac{2}{9}\left(4 + \frac{2}{9}\right)^2 = \frac{1\,400}{81}$

$\Rightarrow V(Y) \approx 17$

Utiliser la loi binomiale

34

QUIZ p. 73

RAPPELS DE COURS

1 Définition de la loi binomiale de paramètres n et p

Considérons une expérience aléatoire qui consiste à répéter n fois une même action, les répétitions étant indépendantes. Une action produit un succès avec une probabilité p.

▶ Soit X la variable aléatoire comptant le nombre de succès au cours des n répétitions.

La loi de X est alors la **loi binomiale de paramètres n et p**.

▶ On a $X(\Omega) = \{0, 1, 2, \ldots, n\}$ et, pour tout $k \in X(\Omega)$:

$$p(X = k) = \binom{n}{k} p^k q^{n-k}$$

À NOTER ! On pose habituellement $q = 1 - p$.

On écrit que X suit la loi $\mathcal{B}(n\,;p)$.

PROPRIÉTÉ Si une variable aléatoire X suit la loi binomiale, alors on a : $E(X) = np$ et $V(X) = npq$.

REMARQUES

- La loi binomiale s'appelle aussi la loi du nombre de succès au cours d'une répétition de n épreuves identiques et indépendantes.
- Le modèle {succès, échec} répétitif s'appelle un schéma de Bernoulli.

2 Arbre de probabilité

L'arbre ci-contre donne un aperçu de la modélisation d'une expérience à 3 répétitions dont l'issue est un succès (S) ou un échec ($\overline{\text{S}}$).

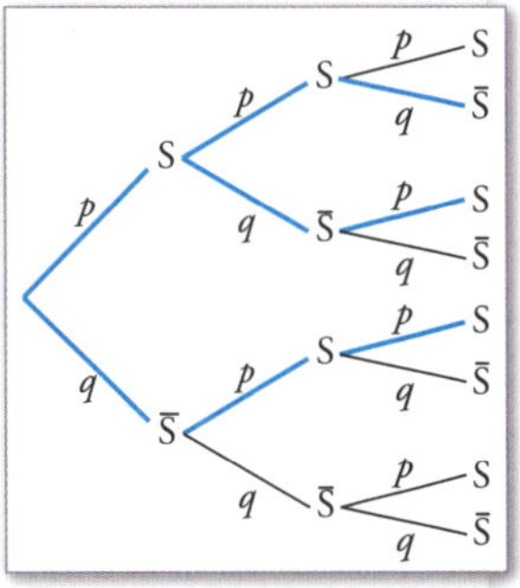

$(X = 2)$ signifie ici qu'il y a eu deux succès.

- Ainsi

$$p(X = 2) = ppq + pqp + qpp = 3p^2q$$

MÉTHODE

Utiliser une loi binomiale

Des coques pour téléphone sont produites à 70 % par une machine A et à 30 % par une machine B.

5 % des coques A et 10 % des coques B ont un défaut.

1. On prélève une coque au hasard dans un stock. Quelle est la probabilité qu'elle ait un défaut ?

2. On choisit dix coques dans un stock. Celui-ci est suffisamment important pour que l'on puisse assimiler ce choix à dix tirages avec remise d'une coque.

Quelle est la probabilité d'avoir au moins deux coques ayant un défaut ? Donner une valeur approchée à 10^{-4}.

CONSEILS

1. Appliquez la formule des probabilités totales.

2. Utilisez une loi binomiale et pensez à l'événement contraire.

SOLUTION

1. L'arbre ci-contre résume la situation. Par la formule des probabilités totales, on a :

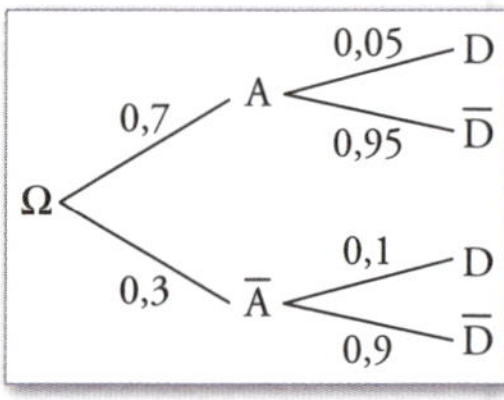

$$p(\mathrm{D}) = 0{,}05 \times 0{,}7 + 0{,}1 \times 0{,}3$$
$$= 0{,}065$$

2. Soit X la variable aléatoire comptant le nombre de coques ayant un défaut quand on en prélève dix au hasard dans le stock.

La probabilité pour qu'une coque prélevée soit défectueuse est égale à 0,065 à chaque prélèvement.

On en déduit que la loi de X est la loi binomiale de paramètres 10 et 0,065.

On cherche $p(X \geqslant 2)$:

$$p(X \geqslant 2) = 1 - p(X < 2) = 1 - (p(X = 0) + p(X = 1))$$

La calculatrice fournit :

$$p(X < 2) = \binom{10}{0} 0{,}065^0 \times 0{,}935^{10} + \binom{10}{1} 0{,}065^1 \times 0{,}935^9$$
$$\approx 0{,}8656$$

Par conséquent : $p(X \geqslant 2) \approx 0{,}1344$.

Quiz express 35

Cochez la ou les bonnes réponses.

Probabilités élémentaires

On considère des événements A et B d'un univers Ω, de probabilités non nulles.

1 Les probabilités conditionnelles

- ☐ **a.** $p(A \cap B) = p(A)p(B)$
- ☐ **b.** $p(A \cap B) = p_B(A)p(B)$
- ☐ **c.** $p_B(A)p(A) = p(A \cap B)$

2 Les partitions d'un univers Ω

On considère une partition de Ω constituée de trois événements.

- ☐ **a.** Parmi eux, il peut y avoir A et $\overline{A}$ si A est non vide.
- ☐ **b.** S'il y a A, il ne peut pas y avoir $\overline{A}$.

3 Les événements indépendants

On considère $A \neq \varnothing$.

- ☐ **a.** Si $p(A \cap B) = p(A)p(B)$, alors A et B sont indépendants.
- ☐ **b.** Si A et B sont indépendants, alors $p_A(B) = p(B)$.
- ☐ **c.** Si A et B sont indépendants, alors $\overline{A}$ et B le sont aussi.

4 Les variables aléatoires discrètes

On considère une variable aléatoire discrète X.

- ☐ **a.** $p(X \leqslant x) = 1 - p(X \geqslant x)$
- ☐ **b.** Il est possible que $V(X) = 0$.
- ☐ **c.** La fonction $x \mapsto p(X \leqslant x)$ est toujours positive.
- ☐ **d.** La fonction $x \mapsto p(X \leqslant x)$ est croissante.

5 La loi binomiale

On considère une variable aléatoire suivant une loi binomiale de paramètres n et p avec $p \neq 0$ et $p \neq 1$.

- ☐ **a.** On a nécessairement $0 < p < 1$.
- ☐ **b.** Pour tout entier k compris entre 0 et n, on a $p(X = k) = p(X = n - k)$.
- ☐ **c.** Il est possible que $V(X) = 0$.
- ☐ **d.** Si $n = 1$, alors la loi de X est une loi de Bernoulli.

Corrigés !

Score : … / 5

1 *Les probabilités conditionnelles* — Fiche 31

a. Faux. $p(A \cap B) = p(A)p(B)$ si et seulement si A et B sont indépendants.

b. Vrai. Il s'agit de la formule des probabilités composées.

c. Faux. $p_B(A)p(A) = \dfrac{p(A \cap B)}{p(B)} p(A)$

2 *Les partitions d'un univers* Ω — Fiche 32

a. Faux. Les événements A et $\overline{A}$ constituent à eux deux une partition de Ω. Par conséquent, dans une partition à *trois* événements, s'il y a A, il ne peut y avoir $\overline{A}$.

b. Vrai.

3 *Les événements indépendants* — Fiches 31 et 32

a. Vrai. Par définition.

b. Vrai.

c. Vrai. Les événements A et $\overline{A}$ forment une partition de Ω.

Donc : $p(B) = p(B \cap A) + p\left(B \cap \overline{A}\right)$

$\Rightarrow p\left(B \cap \overline{A}\right) = p(B) - p(B \cap A) = p(B)(1 - p(A)) = p(B)p\left(\overline{A}\right)$

On en déduit que $\overline{A}$ et B sont indépendants.

4 *Les variables aléatoires discrètes* — Fiche 33

a. Faux. $p(X \leqslant x) = 1 - p(X > x)$

b. Vrai. $V(X) = 0 \Leftrightarrow \sum_{k=1}^{n} p_k (x_k - E(X))^2 = 0$

$\Leftrightarrow x_k = E(X).$

Cela signifie que X est constante.

c. Vrai. C'est une probabilité.

d. Vrai.

5 *La loi binomiale* — Fiche 34

a. Vrai.

b. Faux. $p(X = n-k) = \binom{n}{n-k} p^{n-k} q^k = \binom{n}{k} p^{n-k} q^k$

c. Faux. $V(X) = npq$ donc $V(X) \neq 0$.

d. Vrai.

RAPPEL

$$\binom{n}{n-k} = \binom{n}{k}$$

Connaître densité et loi uniforme 36

QUIZ p. 87

RAPPELS DE COURS

1 Densité de probabilité

▶ Une **densité de probabilité** est une fonction f définie sur $\mathbb{R}$, positive, continue par morceaux et telle que $\int_{-\infty}^{+\infty} f(t)\,dt = 1$.

▶ Soit f une densité de probabilité.

Dire qu'une variable aléatoire X a pour densité f signifie que : $\forall x \in \mathbb{R}$,

$$F(x) = p(X \leqslant x) = \int_{-\infty}^{x} f(t)\,dt$$

> **À NOTER !** $p(X \leqslant x)$ représente une aire sous la courbe de f.

On démontre que $p(X \leqslant x) = p(X < x)$,

F est croissante, $\lim\limits_{x \to -\infty} F(x) = 0$, $\lim\limits_{x \to +\infty} F(x) = 1$.

▶ Pour tous nombres a et b :

$p(a \leqslant X \leqslant b) = p(X \in [a\,;b]) = \int_a^b f = F(b) - F(a)$

▶ L'**espérance** d'une variable aléatoire de densité f est, quand il existe, le nombre noté $E(X)$ égal à $\int_{-\infty}^{+\infty} tf(t)\,dt$.

REMARQUE Lorsqu'une des bornes au moins est infinie, on utilise des limites. Ainsi $\int_a^{+\infty} g(t)\,dt = \lim\limits_{x \to +\infty} \int_a^x g(t)\,dt$, a étant une constante.

2 Densité uniforme

Soit a et b deux nombres tels que $a < b$.

▶ La **densité uniforme** sur $[a\,;b]$ est la fonction f définie par :

$$f(x) = \begin{cases} \dfrac{1}{b-a} \text{ si } x \in [a\,;b] \\ 0 \text{ si } x \notin [a\,;b] \end{cases}$$

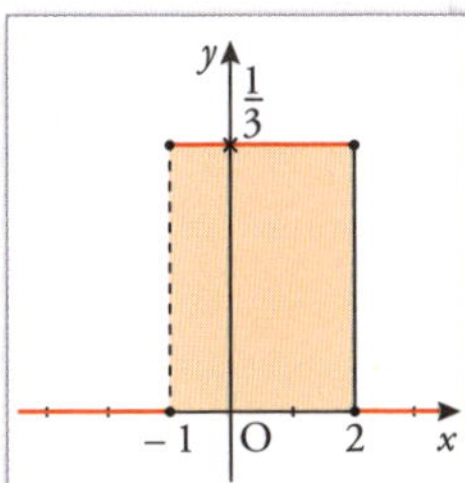

On a bien $\int_{-\infty}^{+\infty} f(t)\,dt = \dfrac{1}{b-a}\int_a^b 1\,dt = 1$.

▶ Pour tout $x \in [a\,;b]$:

$F(x) = p(X \leqslant x) = \dfrac{1}{b-a}(x-a)$ et $E(X) = \dfrac{a+b}{2}$

MÉTHODE

Calculer le facteur déterminant une densité de probabilité

Soit $k > 0$ un nombre réel et g la fonction définie sur $\mathbb{R}$ par :

$$g(t) = \begin{cases} 0 \text{ si } t \in]-\infty;1[\\ \dfrac{k}{t^2} \text{ si } t \in [1;+\infty[\end{cases}$$

1. Représenter g dans le cas $k = 1$.
2. Trouver k pour que g soit une densité de probabilité.
3. Soit X une variable aléatoire de densité g.
Calculer $p(2 \leqslant X \leqslant 3)$.

CONSEIL

2. Soit $A > 1$ un nombre. $\int_1^{+\infty} g(t)\,\mathrm{d}t = \lim\limits_{A \to +\infty} \int_1^A g(t)\,\mathrm{d}t$.

SOLUTION

1. On obtient la courbe ci-contre.

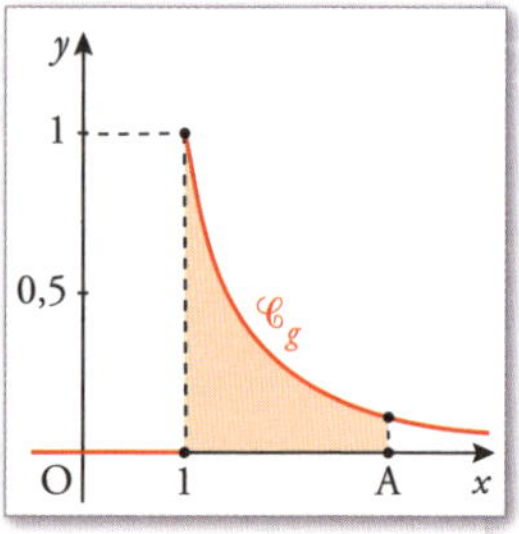

2. La fonction g est définie et positive sur $\mathbb{R}$.
Elle est continue sur $]-\infty;1[$ et sur $]1;+\infty[$. Elle est discontinue en 1 car $\lim\limits_{x \to 1^-} g(x) = 0$ et $\lim\limits_{x \to 1^+} g(x) = k$.
Ces deux limites étant finies, g est continue par morceaux.
$\forall A > 1$,

$$\int_{-\infty}^A g(t)\mathrm{d}t = k\int_1^A \frac{1}{t^2}\mathrm{d}t = k\left[-\frac{1}{t}\right]_1^A = k\left(1 - \frac{1}{A}\right).$$

Or $\lim\limits_{A \to +\infty} k\left(1 - \frac{1}{A}\right) = k$; donc $\int_{-\infty}^{+\infty} g(t)\,\mathrm{d}t = \lim\limits_{A \to +\infty} \int_1^A g(t) = k$.
Par conséquent, pour que g soit une densité de probabilité, on doit avoir $\int_{-\infty}^{+\infty} g(t)\,\mathrm{d}t = 1$, c'est-à-dire qu'il faut et qu'il suffit que $k = 1$.

3. $p(2 \leqslant X \leqslant 3) = \int_2^3 g(t)\,\mathrm{d}t = \left[-\frac{1}{t}\right]_2^3 = \frac{1}{2} - \frac{1}{3} = \frac{1}{6}$

Utiliser la loi exponentielle

37

QUIZ p. 87

RAPPELS DE COURS

1 *Définition*

Soit λ un réel strictement positif.

La **loi exponentielle de paramètre λ** est la loi dont la densité est définie par :

$$f(t) = \begin{cases} 0 \text{ si } t \in]-\infty\,;0[\\ \lambda e^{-\lambda t} \text{ si } t \in [0\,;+\infty[\end{cases}$$

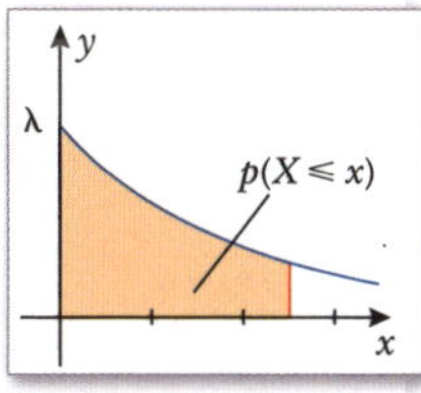

• On a alors, pour tout $x \in \mathbb{R}$:

$$p(X \leqslant x) = \begin{cases} 0 \text{ si } x \in]-\infty\,;0[\\ 1 - e^{-\lambda x} \text{ si } x \in [0\,;+\infty[\end{cases}$$

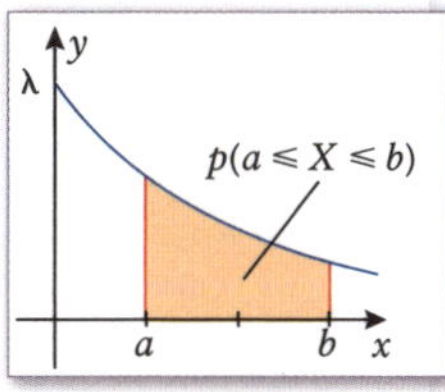

• Pour tous réels a et b avec $a < b$:

$$p(a \leqslant X \leqslant b) = p(X \leqslant b) - p(X < a) = \begin{cases} 0 \text{ si } a < 0 \text{ et } b < 0 \\ 1 - e^{-\lambda b} \text{ si } a < 0 \text{ et } b > 0 \\ e^{-\lambda a} - e^{-\lambda b} \text{ si } a > 0 \text{ et } b > 0 \end{cases}$$

• $E(X) = \dfrac{1}{\lambda}$ et $V(X) = \dfrac{1}{\lambda^2}$.

2 *Durée de vie sans vieillissement*

THÉORÈME Une variable aléatoire exponentielle X vérifie la propriété de durée de vie sans vieillissement.

Autrement dit, pour tous nombres x et y tels que $y > x > 0$, on a :

$$p_{(X \geqslant x)}(X \geqslant y) = p(X \geqslant y - x)$$

Cela signifie que si l'on considère X comme la mesure de la durée de vie d'un individu (atome, constituant de la matière…), alors la durée $y - x$ mesurée entre les instants x et y est indépendante de ces instants. L'âge de l'individu à l'instant x n'influence pas sa durée de vie jusqu'à un instant ultérieur y.

MÉTHODE

Étudier la durée de vie d'un composant

La durée de vie d'un composant électronique, exprimée en années, est mesurée par une variable aléatoire X suivant une loi exponentielle de paramètre λ.

1. Sachant que $p(X > 6) = 0,3$, déterminer λ.

Dans la suite on prend $\lambda = 0,2$.

2. Calculer la probabilité pour que le composant ait cessé de fonctionner au bout de deux ans.

3. Combien de temps peut-on espérer compter sur le fonctionnement d'un composant ?

4. Si le composant fonctionne toujours au bout de 2 ans, quelle est la probabilité qu'il fonctionne encore 4 ans plus tard ?

CONSEILS

2. Le composant a donc une durée de vie au plus égale à 2 ans !

4. Pensez à la durée de vie sans vieillissement.

SOLUTION

1. On a $p(X > 6) = 1 - p(X \leqslant 6) = 1 - \left(1 - e^{-6\lambda}\right) = e^{-6\lambda}$.

Donc $e^{-6\lambda} = 0,3 \Leftrightarrow -6\lambda = \ln 0,3 \Leftrightarrow \lambda = \dfrac{\ln 0,3}{-6} \approx 0,2$.

2. On cherche $p(X \leqslant 2)$. On trouve $1 - e^{-0,2\times 2} \approx 0,33$.

Il y a pratiquement une chance sur trois pour que le composant ait cessé de fonctionner au bout de deux ans.

3. L'espérance de X étant $\dfrac{1}{0,2}$, on peut espérer que le composant fonctionnera pendant 5 ans.

4. Si le composant fonctionne 4 ans de plus, alors sa durée de vie aura été de 6 ans au moins. De plus, sa durée de vie est d'au moins 2 ans. On cherche donc $p_{X>2}(X > 6)$. D'après la propriété de durée de vie sans vieillissement, on sait que :

$$p_{X>2}(X > 6) = p(X > 4) = 1 - p(X \leqslant 4)$$
$$= 1 - \left(1 - e^{-0,2\times 4}\right) = e^{-0,8}$$

$\Rightarrow p_{X>2}(X > 6) \approx 0,45$

Si le composant fonctionne toujours au bout de deux ans, il y a 45 % de chances pour qu'il fonctionne toujours quatre ans plus tard.

Connaître la loi normale $\mathcal{N}(0, 1)$

38

QUIZ p. 87

RAPPELS DE COURS

1 Fonction de Gauss normalisée et loi normale

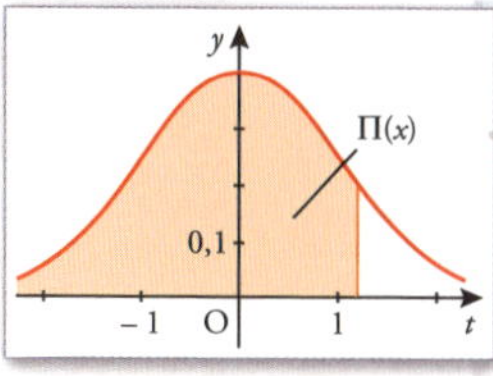

▶ La densité de probabilité appelée **fonction de Gauss normalisée** est la fonction :

$$x \mapsto \frac{1}{\sqrt{2\pi}} e^{-\frac{x^2}{2}}$$

▶ Dire qu'une variable aléatoire X a pour loi la **loi normale centrée et réduite** signifie que sa densité de probabilité est la fonction de Gauss normalisée. On écrit que X suit la loi $\mathcal{N}(0,1)$.

▶ Pour tout x, $p(X \leqslant x) = \Pi(x) = \dfrac{1}{\sqrt{2\pi}} \displaystyle\int_{-\infty}^{x} e^{-\frac{t^2}{2}}\,dt$.

2 Propriétés

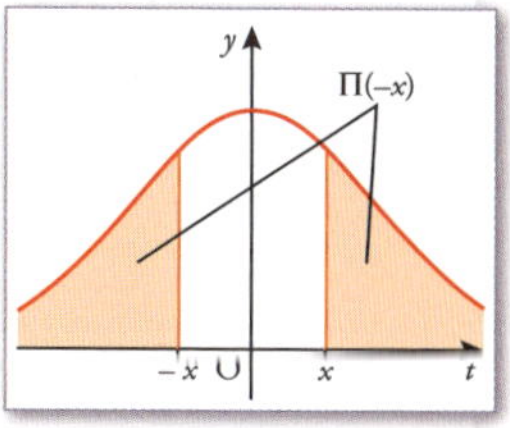

Soit X une variable aléatoire dont la loi est $\mathcal{N}(0,1)$.
Pour tous réels a, b, x, on a :

- $\Pi(-x) + \Pi(x) = 1$
- $p(-x \leqslant X \leqslant x) = 2\Pi(x) - 1$
- $p(a \leqslant X \leqslant b) = \Pi(b) - \Pi(a)$
- Pour tout réel $\alpha \in \left]0\,;1\right[$, il existe un unique nombre positif u_α tel que $p(-u_\alpha \leqslant X \leqslant u_\alpha) = 1 - \alpha$, c'est-à-dire $\Pi(u_\alpha) = 1 - \dfrac{\alpha}{2}$.
- $E(X) = 0$ (donc X est centrée) et $\sigma(X) = 1$ (donc X est réduite).

3 Graphique et valeurs importantes

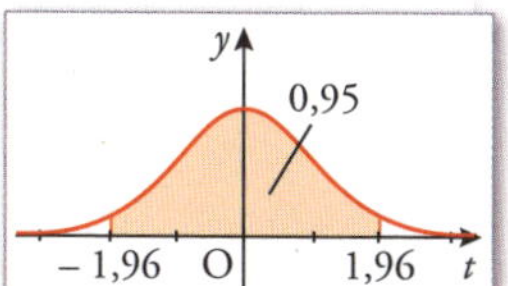

- $p(-1{,}96 \leqslant X \leqslant 1{,}96) \approx 0{,}95$
($\alpha = 0{,}05$ et $u_\alpha \approx 1{,}96$)
- $p(-2{,}58 \leqslant X \leqslant 2{,}58) \approx 0{,}99$
($\alpha = 0{,}01$ et $u_\alpha \approx 2{,}58$)

La calculatrice fournit $\Pi(x)$ et u_α connaissant α (touche Inverse Normale).

MÉTHODE

Démontrer des propriétés de la fonction de Gauss

Soit f la fonction de Gauss normalisée.

1. Montrer que f est paire.

2. Pour tout $x \in \mathbb{R}$, exprimer $\int_{-\infty}^{x} f(t)\,dt$ en fonction de $\int_{x}^{+\infty} f(t)\,dt$ puis $\int_{x}^{+\infty} f(t)\,dt$ en fonction de $\int_{-\infty}^{-x} f(t)\,dt$.

En déduire que $\Pi(x) + \Pi(-x) = 1$.

CONSEIL

2. Utilisez la relation de Chasles et $\frac{1}{\sqrt{2\pi}}\int_{-\infty}^{+\infty} e^{-\frac{t^2}{2}}\,dt = 1$.

Raisonnez graphiquement en utilisant la parité de f.

Si X est une variable aléatoire qui suit la loi $\mathcal{N}(0,1)$, alors $\Pi(x) = p(X \leqslant x)$.

SOLUTION

1. Pour tout $t \in \mathbb{R}$:

$f(-t) = \frac{1}{\sqrt{2\pi}} e^{-\frac{1}{2}(-t)^2} = \frac{1}{\sqrt{2\pi}} e^{-\frac{1}{2}t^2} = f(t)$ donc f est paire.

2. Pour tout $x \in \mathbb{R}$,

- $\frac{1}{\sqrt{2\pi}}\int_{-\infty}^{+\infty} e^{-\frac{t^2}{2}}\,dt = 1 \Rightarrow \left(\int_{-\infty}^{x} f(t)\,dt + \int_{x}^{+\infty} f(t)\,dt\right) = 1.$

Donc, $\int_{x}^{+\infty} f(t)\,dt = 1 - \int_{-\infty}^{x} f(t)\,dt$.

- On a $\int_{x}^{+\infty} f(t)\,dt = \int_{-\infty}^{-x} f(t)\,dt$.

En effet, si $x \geqslant 0$, $\int_{-\infty}^{-x} f(t)\,dt$ est l'aire du domaine hachuré à gauche sur la figure 2 du cours. La fonction f étant paire, ce domaine est superposable au domaine hachuré à droite. L'aire de ce dernier est égale à $\int_{x}^{+\infty} f(t)\,dt$ d'où la conclusion :

> **REMARQUE**
> Les intégrales sont finies bien qu'elles mesurent des aires de domaines non bornés.

$$\Pi(-x) = \int_{-\infty}^{-x} f(t)dt = \int_{x}^{+\infty} f(t)dt = 1 - \int_{-\infty}^{x} f(t)\,dt = 1 - \Pi(x)$$

donc $\Pi(x) + \Pi(-x) = 1$.

Utiliser la loi normale générale

39

QUIZ p. 87

RAPPELS DE COURS

1 Loi normale

Soit μ et $\sigma > 0$ deux réels.

Dire qu'une variable aléatoire X a pour loi la **loi normale** de paramètres μ et σ signifie que la variable aléatoire $\dfrac{X-\mu}{\sigma}$ suit la loi normale centrée et réduite, c'est-à-dire $\mathcal{N}(0,1)$.

On dit alors que X a pour loi la **loi $\mathcal{N}(\mu, \sigma^2)$**.

ATTENTION ! On parle des paramètres μ et σ et de la loi $\mathcal{N}(\mu, \sigma^2)$.

2 Espérance, écart type et variance de la loi normale

Si une variable aléatoire X suit une loi normale de paramètres μ et σ, alors :

- $E(X) = \mu$ et $\sigma(X) = \sigma$.
- Pour tous réels a et b :

$$p(a \leqslant X \leqslant b) = p\left(\frac{a-\mu}{\sigma} \leqslant X^* \leqslant \frac{b-\mu}{\sigma}\right) \text{ où } X^* = \frac{X-\mu}{\sigma}$$

$$= \Pi\left(\frac{b-\mu}{\sigma}\right) - \Pi\left(\frac{a-\mu}{\sigma}\right)$$

À NOTER ! Les calculs sur $\mathcal{N}(\mu, \sigma)$ peuvent toujours se ramener à des calculs sur une loi $\mathcal{N}(0,1)$.

3 Valeurs remarquables

- $p(\mu - \sigma \leqslant X \leqslant \mu + \sigma) \approx 0{,}68$
- $p(\mu - 2\sigma \leqslant X \leqslant \mu + 2\sigma) \approx 0{,}95$
- $p(\mu - 3\sigma \leqslant X \leqslant \mu + 3\sigma) \approx 0{,}99$

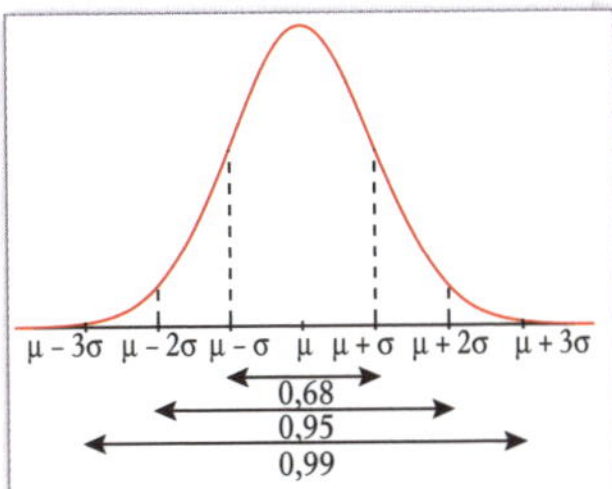

4 Théorème de Moivre-Laplace

Soit X une variable aléatoire qui suit une loi binomiale de paramètres n et p. Si n est suffisamment grand, alors la loi de X est approximativement la loi $\mathcal{N}(np, npq)$ où $q = 1 - p$.

MÉTHODE

Étudier la normalité d'une production

Des poules pondent des œufs dont seuls 10 % sont hors norme. On prélève 3 600 œufs et on estime que la production est suffisamment grande pour assimiler le prélèvement à 3 600 tirages indépendants avec remise. Soit X le nombre d'œufs hors norme prélevés.

1. Quelle est la loi de probabilité de X ?

2. On souhaite approximer la loi de X par la loi normale de paramètres 360 et 18. Justifier ces paramètres.

3. Calculer alors la probabilité pour que, sur le prélèvement de 3 600 œufs, il y en ait entre 324 et 396 qui soient hors norme.

CONSEILS

1. Pensez à une loi binomiale.

2. Une loi normale est caractérisée par sa moyenne et son écart type.

3. Il suffit de se ramener à une loi normale centrée réduite ou d'utiliser une calculatrice.

SOLUTION

1. La variable aléatoire X compte le nombre de succès lorsqu'on effectue 3 600 épreuves identiques et indépendantes. Le succès d'une épreuve est « L'œuf prélevé est hors norme », dont la probabilité est égale à 0,1. Par conséquent, X suit la loi binomiale de paramètres 3 600 et 0,1.

2. Le nombre d'épreuves étant suffisamment grand, le théorème de Moivre-Laplace suggère l'approximation de la loi $\mathcal{B}(3\,600\,;0{,}1)$ par la loi $\mathcal{N}(360\,;324)$ d'écart-type $\sqrt{324}$, c'est-à-dire 18.

3. On cherche $p(324 \leqslant X \leqslant 396)$. Puisque X suit une loi normale, alors $X^* = \dfrac{X-360}{18}$ suit une loi normale centrée et réduite.

On calcule alors $p\left(\dfrac{324-360}{18} \leqslant X^* \leqslant \dfrac{396-324}{18}\right)$, c'est-à-dire

$$\begin{aligned} p(-2 \leqslant X^* \leqslant 2) &= \Pi(2) - \Pi(-2) \\ &= 2\Pi(2) - 1 \approx 0{,}9544. \end{aligned}$$

Il y a donc environ 95,44 % de chances pour que, dans le lot de 3 600 œufs, il y ait entre 324 et 396 œufs hors norme.

> ASTUCE
> $\Pi(2) \approx 0{,}9772$

Utiliser les intervalles de fluctuation 40

QUIZ p. 87

RAPPELS DE COURS

1 Position du problème – Exemple

Dans une population, par exemple de boules blanches et noires contenues dans une urne, on considère la proportion p d'une certaine modalité M (par exemple le nombre de boules blanches).
On envisage deux possibilités :

1. La proportion p est connue. Par exemple, il y a 45 % de boules blanches ; alors $p = 0{,}45$. Alors $q = 1 - p = 0{,}55$.

2. On fait une hypothèse sur la valeur de p. Par exemple, on suppose qu'il y a 50 % de boules blanches.

On effectue n tirages d'une boule avec remise dans l'urne, on note X_n le nombre de boules blanches obtenues et $F_n = \dfrac{X_n}{n}$ la fréquence correspondante.

2 Intervalle de fluctuation (asymptotique)

▶ Soit u_α le nombre défini par $\Pi(u_\alpha) = 1 - \dfrac{\alpha}{2}$ (→ FICHE 38)
et $q = 1 - p$.

L'intervalle $I_\alpha = \left[p - u_\alpha \dfrac{\sqrt{pq}}{\sqrt{n}} \,;\, p + u_\alpha \dfrac{\sqrt{pq}}{\sqrt{n}}\right]$ s'appelle l'**intervalle de fluctuation (asymptotique)** de F_n au seuil $1 - \alpha$.

On a alors : $\lim\limits_{n \to +\infty} p(F_n \in I_\alpha) = 1 - \alpha$

Cela signifie que la probabilité que la fréquence observée F_n soit dans I_α est d'autant plus proche de $1 - \alpha$ que la taille de l'échantillon est grande.

▶ L'intervalle de fluctuation (asymptotique) de F_n au seuil 95 % est :

$$I_{0,05} = \left[p - 1{,}96\frac{\sqrt{pq}}{\sqrt{n}} \,;\, p + 1{,}96\frac{\sqrt{pq}}{\sqrt{n}}\right]$$

REMARQUE L'intervalle de fluctuation vu en classe de seconde $\left[p - \dfrac{1}{\sqrt{n}} \,;\, p + \dfrac{1}{\sqrt{n}}\right]$ contient l'intervalle précédent.

3 *Prise de décision à partir d'un échantillon de taille n*

Si on a fait une hypothèse sur la valeur de la proportion p, comment savoir si cette hypothèse est crédible ? La règle est la suivante, sachant qu'on doit avoir $n \geqslant 30$, $np \geqslant 5$ et $nq \geqslant 5$.

- Si $F_n \in I_{0,05}$, alors on accepte l'hypothèse faite sur p. Dans ce cas, on ne connaît pas la probabilité de se tromper.
- Si $F_n \notin I_{0,05}$, alors on rejette l'hypothèse faite sur p. Dans ce cas, on admet que la probabilité de se tromper est de 5 % environ. On s'en rapproche d'autant plus que l'échantillon est grand.

MÉTHODE

Prendre une décision à la suite d'une expérience

Un producteur d'agrumes prétend que moins de 3 % de ses oranges sont impropres à la vente. Un grossiste souhaite vérifier cela par la méthode des intervalles de fluctuation au seuil 95 %. Il effectue des prélèvements d'oranges au hasard dans deux hangars différents ; la production est suffisamment importante pour qu'on puisse assimiler ces prélèvements à des tirages avec remise.

1. Montrer qu'il doit choisir au moins 167 oranges au hasard pour pouvoir utiliser cette méthode.

2. Il choisit 200 oranges au hasard et en trouve 10 impropres à la consommation. Que peut-il en conclure ?

CONSEIL

1. Vérifiez les conditions d'exploitation de l'échantillonnage.

SOLUTION

1. On doit avoir $n \geqslant 30$ et $0{,}03n \geqslant 5$ et $0{,}97n \geqslant 5$. D'où $n \geqslant \dfrac{5}{0{,}03}$ et $n \geqslant 167$. Il doit donc prélever au moins 167 oranges.

2. On fait l'hypothèse que la proportion d'oranges impropres à la vente est de 3 %. L'intervalle de fluctuation au seuil 95 % est :

$$\left[0{,}03 - 1{,}96\frac{\sqrt{0{,}03 \times 0{,}97}}{\sqrt{200}}\ ;\ 0{,}03 + 1{,}96\frac{\sqrt{0{,}03 \times 0{,}97}}{\sqrt{200}}\right]$$

$\approx [0{,}03 - 0{,}024\ ; 0{,}03 + 0{,}024]$, soit environ $[0{,}006\ ;\ 0{,}054]$.

La fréquence observée F_{200} est égale à $\dfrac{X_{200}}{200} = \dfrac{10}{200} = 5\ \%$. Cette fréquence appartient à l'intervalle de fluctuation au seuil 95 %.

Il doit donc accepter les allégations du producteur.

Estimer une proportion ou la taille d'un échantillon

41

QUIZ p. 87

RAPPELS DE COURS

1 Position du problème – Exemple

Dans une population, par exemple les trèfles dans un herbage, on souhaite connaître la **proportion p** d'une certaine modalité, par exemple avoir quatre feuilles. A priori on ignore complètement la valeur de cette proportion et on ne fait aucune hypothèse à son sujet. Pour en avoir une idée, on prélève un échantillon de taille n de la population étudiée (ici on cueille n trèfles au hasard) et on calcule la fréquence observée f de la modalité M, c'est-à-dire la fréquence des trèfles à quatre feuilles.

On pourra alors estimer un **encadrement** (on dit aussi une fourchette) plus ou moins précis de la proportion recherchée.

2 Intervalle de confiance

▶ Dans une population, il y a une proportion p **inconnue** d'une certaine modalité M. On choisit un échantillon de taille n dans cette population et, dans celui-ci, il y a une fréquence f d'individus ayant la modalité M.

On appelle **intervalle de confiance** de niveau de confiance 0,95 l'intervalle :

$$I_{0,05} = \left[f - \frac{1}{\sqrt{n}} ; f + \frac{1}{\sqrt{n}} \right]$$

À NOTER !
La longueur de l'intervalle de confiance est égale à $\frac{2}{\sqrt{n}}$.

Un intervalle de confiance est donc centré sur la fréquence observée de la modalité dans l'échantillon.

Si n est suffisamment grand, p appartient à $I_{0,05}$ avec une probabilité supérieure ou égale à 0,95.

▶ L'intervalle de confiance est d'autant plus étroit (donc la proportion p est d'autant plus précisément évaluée) que la taille de l'échantillon est grande.

MÉTHODE

Déterminer un intervalle de confiance

Dans une circonscription, le candidat X souhaite avoir une idée des électeurs qui lui sont favorables et commande deux sondages. Les deux instituts qu'il a contactés assimilent leurs sondages à des tirages indépendants avec remise. Soit p la proportion (inconnue) de votants pour X dans la circonscription.

1. Déterminer la taille minimum de l'échantillon d'électeurs à interroger pour que la longueur de l'intervalle de confiance au seuil 95 % soit inférieure à 7 %.

2. Le premier sondage porte sur 1 024 électeurs, et 545 se déclarent pour X ; le second sur 1 300 électeurs et 640 se déclarent pour X. Quelle conclusion le candidat X peut-il tirer de ces deux sondages sachant que l'on estime la proportion inconnue p avec la méthode de l'intervalle de confiance au seuil 95 % ?

CONSEIL

1. La longueur d'un intervalle de confiance au seuil 95 % relatif à un échantillon de taille n est égale à $\dfrac{2}{\sqrt{n}}$.

SOLUTION

1. Soit n le nombre d'électeurs à interroger. La longueur de l'intervalle de confiance au seuil 95 % étant de $\dfrac{2}{\sqrt{n}}$, on doit résoudre l'inéquation $\dfrac{2}{\sqrt{n}} \leqslant 0,07$, c'est-à-dire $n \geqslant \left(\dfrac{2}{0,07}\right)^2$, soit $n \geqslant 817$.
On doit donc interroger au moins 817 électeurs.

2. Le premier sondage fournit la fréquence $f_1 = \dfrac{545}{1024} \approx 0,5322$ d'électeurs favorables à X. L'intervalle de confiance au seuil 95 % est $I_1 = \left[0,5322 - \dfrac{1}{32} ; 0,5322 + \dfrac{1}{32}\right] \approx [0,5 ; 0,563]$.
On trouve de même $f_2 \approx 0,4923$ et

$$I_2 = \left[0,4923 - \frac{1}{\sqrt{1\,300}} ; 0,4923 + \frac{1}{\sqrt{1\,300}}\right] \approx [0,465 ; 0,520].$$

Le premier sondage donne entre 50 % et 56,3 % de voix et le second entre 46,5 % et 52 %. La fourchette des deux est bien inférieure à 0,07. Si les deux sondages ont été bien faits, il doit raisonnablement s'attendre à avoir entre 46,5 % et 56,3 % des voix.

Quiz express

42

Cochez la ou les bonnes réponses.

Lois à densité et statistiques

1 La densité de probabilité

Une densité de probabilité est :

☐ **a.** forcément positive.

☐ **b.** d'intégrale 1.

2 La loi exponentielle

La densité f d'une loi exponentielle de paramètre λ :

☐ **a.** est définie par $f(t) = 2e^{2t}$ si $t \geqslant 0$ et $\lambda = 2$.

☐ **b.** donne une espérance de $\frac{1}{3}$ si $\lambda = 3$.

☐ **c.** $F(x) = p(X \leqslant x) = 1 - e^{-x}$ si $x \geqslant 0$ et $\lambda = 1$.

3 La loi normale centrée réduite

Soit X une variable aléatoire de loi $\mathcal{N}(0\,;1)$ et $\Pi(x) = p(X \leqslant x)$.

☐ **a.** $\Pi(-x) = 2\Pi(x) - 1$

☐ **b.** Si $x \geqslant 0$, alors $\Pi(x) \geqslant 0{,}5$.

4 La loi normale générale

On considère une variable aléatoire X dont la loi est $\mathcal{N}(\mu\,;\sigma^2)$.

☐ **a.** $p(X \leqslant x) = \Pi\left(\frac{\mu - x}{\sigma}\right)$

☐ **b.** $p(X > x) = 1 - p(X \leqslant x)$

5 Les intervalles de fluctuation

☐ **a.** On utilise un intervalle de fluctuation quand on veut savoir si la proportion d'une modalité dans un échantillon est conforme à une annonce.

☐ **b.** On utilise un intervalle de fluctuation pour tester une hypothèse sur une proportion dans une population.

6 Les intervalles de confiance

☐ **a.** Un intervalle de confiance relatif à une population de n individus a pour longueur $\frac{1}{\sqrt{n}}$.

☐ **b.** Plus un intervalle de confiance est grand, meilleure est la précision donnée sur la valeur d'une proportion inconnue.

Corrigés

Score : … / 6

1 La densité de probabilité

Fiche 36

a. Vrai.

b. Vrai. De plus, une densité de probabilité est définie sur $\mathbb{R}$ et est continue par morceaux.

2 La loi exponentielle

Fiche 37

a. Faux. $f(t) = 2e^{-2t}$ si $t \geqslant 0$

b. Vrai. $E(X) = \frac{1}{\lambda}$

c. Vrai. $F(x) = 1 - e^{-\lambda x}$ si $x \geqslant 0$.

À NOTER ! Le signe de l'exposant de l'exponentielle est négatif !

3 La loi normale centrée réduite

Fiche 38

a. Vrai.

b. Vrai. Comme la densité de la loi $\mathcal{N}(0\,;1)$ est paire et que son intégrale est égale à 1, l'axe des ordonnées partage la surface du domaine en deux parties de même aire, à savoir 0,5 chacune.

4 La loi normale générale

Fiche 39

a. Faux. $p(X \leqslant x) = \Pi\left(\frac{x-\mu}{\sigma}\right)$

b. Faux.

$$p(X > -x) = 1 - p(X \leqslant -x)$$
$$= 1 - p(X < -x).$$

À NOTER ! Observez bien les places de x et μ !

5 Les intervalles de fluctuation

Fiche 40

a. Vrai.

b. Vrai.

C'est le principe même de l'utilisation des intervalles de fluctuation. Ils s'utilisent lorsqu'on connaît une proportion dans une population ou losqu'on fait une hypothèse sur cette proportion.

6 Les intervalles de confiance

Fiche 41

a. Faux. La longueur d'un intervalle de confiance est égale à $\frac{2}{\sqrt{n}}$.

b. Faux. Plus n augmente, plus la taille de l'intervalle diminue et meilleure est la précision.

Effectuer des calculs algébriques avec des nombres complexes

43

QUIZ p. 97

RAPPELS DE COURS

1 *Définitions fondamentales*

Tout nombre complexe z s'écrit de manière unique sous la forme $x + \mathrm{i}y$, où $x \in \mathbb{R}$, $y \in \mathbb{R}$ et $\mathrm{i}^2 = -1$.
Cette forme s'appelle la **forme algébrique** de z.

- x est la **partie réelle** de z.
y est la **partie imaginaire** de z.
On écrit $x = \mathrm{Re}(z)$ et $y = \mathrm{Im}(z)$).
Cela signifie que $z = 0 \Leftrightarrow x = y = 0$.

> À NOTER ! **Im(z) est un nombre réel.**

- $\overline{z} = x - \mathrm{i}y$ est le **conjugué** de z.
- $\mathrm{M}(x\,;y)$ est l'image de z, z est l'affixe de M.
$\mathrm{OM} = |z| = \sqrt{x^2 + y^2} = \sqrt{z\overline{z}}$ est le **module** de z.

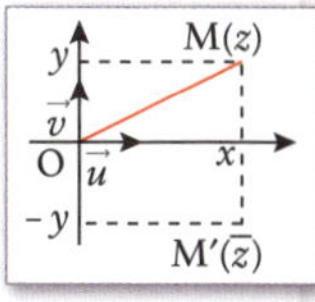

- Pour trouver la forme algébrique de $\dfrac{1}{z} = \dfrac{1}{x + \mathrm{i}y}$, on multiplie le numérateur et le dénominateur par $\overline{z}$. On trouve :

$$\frac{1}{z} = \frac{\overline{z}}{z\overline{z}} = \frac{x - \mathrm{i}y}{x^2 + y^2} = \frac{x}{x^2 + y^2} + \mathrm{i}\frac{-y}{x^2 + y^2}.$$

2 *Propriétés de Re(z) et Im(z)*

Pour tout $z \in \mathbb{C}$ et $z' \in \mathbb{C}$:

$\mathrm{Re}(z + z') = \mathrm{Re}(z) + \mathrm{Re}(z')$ et $x = \dfrac{z + \overline{z}}{2}$ et $y = \dfrac{z - \overline{z}}{2\mathrm{i}}$

REMARQUE En général $\mathrm{Re}(zz') \neq \mathrm{Re}(z)\mathrm{Re}(z')$ et $\mathrm{Im}(zz') \neq \mathrm{Im}(z)\mathrm{Im}(z')$.

> ATTENTION ! **Remarquez la division par 2i.**

3 *Propriétés des conjugués*

- Pour tout $z \in \mathbb{C}$ et $z' \in \mathbb{C}$ (et $z' \neq 0$ si nécessaire) :

$$\overline{\overline{z}} = z \quad z\overline{z} = |z|^2 \quad \overline{z + z'} = \overline{z} + \overline{z'} \quad \overline{zz'} = \overline{z}\,\overline{z'} \quad \overline{\left(\frac{z}{z'}\right)} = \frac{\overline{z}}{\overline{z'}}$$

- Pour démontrer qu'un nombre complexe est réel :
$z \in \mathbb{R} \Leftrightarrow z = \overline{z} \Leftrightarrow \mathrm{Im}(z) = 0$.
- Pour démontrer qu'un nombre complexe est imaginaire pur (de la forme $\mathrm{i}y$) : $z \in \mathrm{i}\mathbb{R} \Leftrightarrow z = -\overline{z} \Leftrightarrow \mathrm{Re}(z) = 0$.

MÉTHODE

Déterminer un ensemble de points

Pour tout nombre complexe z différent de 4, on définit $Z = \dfrac{iz - 4}{z - 4}$.
On appelle A le point d'affixe 4. Trouver l'ensemble des points M d'affixe z du plan tels que Z soit réel.

Conseils

- Il suffit de trouver z pour que $Z \in \mathbb{R}$, c'est-à-dire pour que $\mathrm{Im}(Z) = 0$.
- Écrivez Z sous la forme algébrique, sachant que $z = x + iy$ (x et y réels).
- Supprimez la partie imaginaire du dénominateur de Z en le multipliant par son conjugué.

Solution

$$Z = \frac{i(x+iy)-4}{x+iy-4} = \frac{-y-4+ix}{(x-4)+iy}$$

$$Z = \frac{((-y-4)+ix)((x-4)-iy)}{((x-4)+iy)((x-4)-iy)}$$

$$Z = \frac{-4x+4y+16+i(x^2+y^2-4x+4y)}{(x-4)^2+y^2}$$

$$= \frac{-4x+4y+16}{(x-4)^2+y^2} + i\frac{x^2+y^2-4x+4y}{(x-4)^2+y^2}$$

RAPPEL Comme $z\overline{z} = x^2 + y^2$, on connaît directement l'expression du dénominateur : $(x-4)^2 + y^2$.

On peut alors voir que $\mathrm{Im}(Z) = \dfrac{x^2+y^2-4x+4y}{(x-4)^2+y^2}$.

Donc :

$Z \in \mathbb{R} \Leftrightarrow x^2 + y^2 - 4x + 4y = 0$

$\Leftrightarrow (x-2)^2 + (y+2)^2 - 16 = 0$

$\Leftrightarrow (x-2)^2 + (y+2)^2 = 16.$

Soit I le point d'affixe $2 - 2i$.

$(x-2)^2 + (y+2)^2 = 16 \Leftrightarrow \mathrm{IM}^2 = 16.$

Par conséquent, Z est réel si et seulement si M appartient au cercle $\mathscr{C}$ d'équation $x^2 + y^2 - 4x + 4y = 0$ privé du point A.

L'ensemble cherché est donc $\mathscr{C} - \{A\}$.

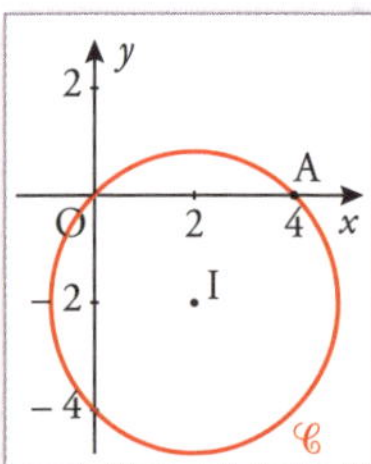

Déterminer la forme trigonométrique d'un nombre complexe

44

QUIZ p. 97

RAPPELS DE COURS

1 Définitions

Soit $z \in \mathbb{C}^*$ d'image $M(x\,;y)$.

▶ On appelle **argument** de z, et on note $\arg(z)$, une mesure de l'angle orienté $\left(\vec{u}, \overrightarrow{OM}\right)$ à 2π près.

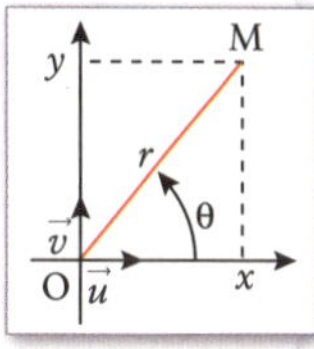

Donc $x = r\cos\theta$ et $y = r\sin\theta$,
r étant le **module** de z.
D'où $z = r(\cos\theta + i\sin\theta)$.

▶ La forme $z = r(\cos\theta + i\sin\theta)$ est la **forme trigonométrique** de z.

À NOTER ! On a $r > 0$ et $r = |z| = \sqrt{x^2 + y^2}$.

2 Propriétés

Soit z et z' deux nombres complexes non nuls et $n \in \mathbb{Z}$.
On a, à 2π près :

- $\arg(zz') = \arg(z) + \arg(z')$
- $\arg(z^n) = n\arg z$
- $\arg\left(\dfrac{1}{z'}\right) = -\arg(z')$
- $\arg(\overline{z}) = -\arg(z)$

- $|zz'| = |z||z'|$
- $\left|\dfrac{z}{z'}\right| = \dfrac{|z|}{|z'|}$

RAPPEL L'inégalité triangulaire s'écrit $|z + z'| \leqslant |z| + |z'|$.

3 Applications

1. Si $z = \cos\theta + i\sin\theta$ et $z' = \cos\theta' + i\sin\theta'$ alors, après réduction :
$zz' = \cos\theta\cos\theta' - \sin\theta\sin\theta' + i(\sin\theta\cos\theta' + \sin\theta'\cos\theta)$

Or $zz' = \cos(\theta + \theta') + i\sin(\theta + \theta')$
car $\arg(zz') = \arg(z) + \arg(z') = \theta + \theta'$

Donc, en égalant parties réelles et imaginaires :
- $\cos(\theta + \theta') = \cos\theta\cos\theta' - \sin\theta\sin\theta'$
- $\sin(\theta + \theta') = \sin\theta\cos\theta' + \sin\theta'\cos\theta$

2. Soit z un nombre complexe non nul et k un entier relatif :
- $z \in \mathbb{R}^* \Leftrightarrow \arg(z) = k\pi$
- $z \in i\mathbb{R}^* \Leftrightarrow \arg(z) = \dfrac{\pi}{2} + k\pi$

MÉTHODE

Déterminer les formes algébrique et trigonométrique d'un nombre complexe

On considère $u = 3 + \mathrm{i}\sqrt{3}$ et son conjugué.

1. Donner la forme trigonométrique de u et $\overline{u}$.

2. En déduire les formes algébriques de $\dfrac{u}{u-4}$ et $\dfrac{\overline{u}}{\overline{u}-4}$.

Conseils

1. Factorisez par le module pour arriver directement à la forme trigonométrique.

2. Pour traiter $\dfrac{u}{u-4}$, utilisez les formules $\left|\dfrac{z}{z'}\right| = \dfrac{|z|}{|z'|}$ et $\arg\left(\dfrac{z}{z'}\right) = \arg(z) - \arg(z')$.

Solution

1. $|u| = \sqrt{3^2 + \left(\sqrt{3}\right)^2} = \sqrt{12} = 2\sqrt{3}$.

Donc $u = 2\sqrt{3}\left(\dfrac{\sqrt{3}}{2} + \dfrac{1}{2}\mathrm{i}\right) = 2\sqrt{3}\left(\cos\dfrac{\pi}{6} + \mathrm{i}\sin\dfrac{\pi}{6}\right)$.

Comme $\arg(\overline{u}) = -\arg(u)$, on trouve :

$$\overline{u} = 2\sqrt{3}\left(\cos\left(-\frac{\pi}{6}\right) + \mathrm{i}\sin\left(-\frac{\pi}{6}\right)\right).$$

2. Un calcul immédiat fournit $u - 4 = -1 + \mathrm{i}\sqrt{3}$,

donc $|u-4| = \sqrt{(-1)^2 + \left(\sqrt{3}\right)^2} = 2$.

Par conséquent : $u - 4 = 2\left(-\dfrac{1}{2} + \mathrm{i}\dfrac{\sqrt{3}}{2}\right)$

$$= 2\left(\cos\frac{2\pi}{3} + \mathrm{i}\sin\frac{2\pi}{3}\right).$$

Donc $\arg\left(\dfrac{u}{u-4}\right) = \arg(u) - \arg(u-4) = \dfrac{\pi}{6} - \dfrac{2\pi}{3} = -\dfrac{\pi}{2}$

et $\left|\dfrac{u}{u-4}\right| = \dfrac{|u|}{|u-4|} = \sqrt{3}$.

Conclusion : $\dfrac{u}{u-4} = \sqrt{3}\left(\cos\left(-\dfrac{\pi}{2}\right) + \mathrm{i}\sin\left(-\dfrac{\pi}{2}\right)\right) = -\mathrm{i}\sqrt{3}$.

On en déduit que $\dfrac{\overline{u}}{\overline{u}-4} = \overline{\left(\dfrac{u}{u-4}\right)} = \mathrm{i}\sqrt{3}$.

Connaître affixe et forme exponentielle

45

QUIZ p. 97

RAPPELS DE COURS

1 Vecteurs

L'**affixe** d'un point $M(x\,;y)$ est le nombre complexe $z = x + iy$.

Soit A et B des points d'affixes respectives a et b. Alors :

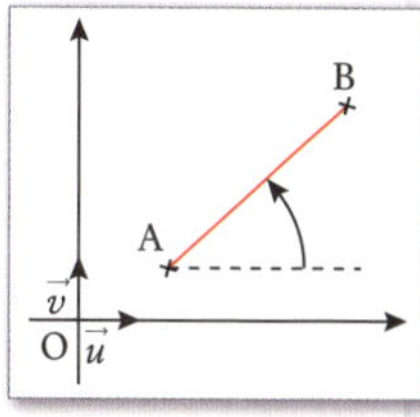

- l'affixe du vecteur $\overrightarrow{AB}$ est $b - a$;
- l'affixe du milieu du segment [AB] est $\dfrac{a+b}{2}$;
- la norme de $\overrightarrow{AB}$ est $\|\overrightarrow{AB}\| = |b - a|$;
- $(\vec{u}, \overrightarrow{AB}) = \arg(b - a)$.

À NOTER ! $|b - a|$ est le module du nombre complexe $(b - a)$.

2 Forme exponentielle

La **forme exponentielle** d'un nombre complexe non nul de module r et d'argument θ est $re^{i\theta}$, c'est-à-dire $|z|e^{i\theta}$.

C'est une forme abrégée de la forme trigonométrique $r(\cos\theta + i\sin\theta)$.

PROPRIÉTÉS

- $e^{i\theta}e^{i\theta'} = e^{i(\theta+\theta')}$
- $\dfrac{e^{i\theta}}{e^{i\theta'}} = e^{i(\theta-\theta')}$
- $\dfrac{1}{e^{i\theta}} = e^{-i\theta}$
- $(e^{i\theta})^n = e^{i(n\theta)}$, $n \in \mathbb{Q}$

3 Interprétation de $\dfrac{b-a}{c-a}$

▶ Soit A un point d'affixe a, B un point d'affixe b et C un point d'affixe c distinct de A.

$$\left|\frac{b-a}{c-a}\right| = \frac{AB}{AC} = r \text{ et } \arg\left(\frac{b-a}{c-a}\right) = (\overrightarrow{AC}, \overrightarrow{AB}) = \theta$$

$$\Rightarrow \frac{b-a}{c-a} = re^{i\theta}.$$

▶ En particulier, le triangle ABC est rectangle et isocèle en A si et seulement si $\dfrac{b-a}{c-a} = i$ ou $\dfrac{b-a}{c-a} = -i$.

En effet, $|i| = |-i| = 1 \Rightarrow |b-a| = |c-a| \Rightarrow AB = AC$ et

$\arg(i) = \frac{\pi}{2}$ et $\arg(-i) = -\frac{\pi}{2} \Rightarrow \widehat{BAC} = 90°$.

▶ De même, le triangle ABC est équilatéral si et seulement si :

$\frac{b-a}{c-a} = e^{i\frac{\pi}{3}}$ ou $\frac{b-a}{c-a} = e^{-i\frac{\pi}{3}}$.

MÉTHODE

Déterminer la nature de triangles

Dans le plan complexe muni d'un repère orthonormé $(O ; \vec{u}, \vec{v})$, on considère les points A, B, C et D d'affixes respectives :

$a = 5 - i\sqrt{3}$, $b = 4 + 2i\sqrt{3}$, $c = 3 - 2i\sqrt{3}$ et $d = \frac{2a}{3}$.

1. Écrire $\frac{c-a}{c}$ et $\frac{c-b}{c-d}$ sous forme exponentielle.

2. En déduire la nature des triangles OCA et BCD.

CONSEILS

1. Commencez par calculer les rapports sous forme algébrique.

2. Utilisez le module et l'argument de chaque quotient.

SOLUTION

1. $\frac{c-a}{c} = \frac{-2-i\sqrt{3}}{3-2i\sqrt{3}} = \frac{(-2-i\sqrt{3})(3+2i\sqrt{3})}{3^2+(2\sqrt{3})^2}$

$= -\frac{1}{\sqrt{3}}i = \frac{1}{\sqrt{3}}e^{-i\frac{\pi}{2}}$

RAPPEL

$e^{-i\frac{\pi}{2}} = -i$

De même, $\frac{c-b}{c-d} = \frac{(3-2i\sqrt{3})-(4+2i\sqrt{3})}{(3-2i\sqrt{3})-\frac{10}{3}+2\frac{\sqrt{3}}{3}i} = \frac{-1-4i\sqrt{3}}{-\frac{1}{3}-\frac{4\sqrt{3}}{3}i}$

$\Rightarrow \frac{c-b}{c-d} = 3 = 3e^{i0}$

2. D'une part $\arg\left(\frac{c-a}{c}\right) = -\frac{\pi}{2}$ et d'autre part $\frac{c-a}{c} = \frac{c-a}{c-0}$;

on en déduit que $\arg\left(\frac{c-a}{c}\right) = \left(\overrightarrow{OC} ; \overrightarrow{AC}\right) = -\frac{\pi}{2}$.

Par conséquent, le triangle OCA est rectangle en C.

On a aussi $\arg\left(\frac{c-b}{c-d}\right) = 0$ donc $\left(\overrightarrow{CD} ; \overrightarrow{CB}\right) = 0$. Il en résulte que les points B, C et D sont alignés, donc BCD est un triangle aplati.

Quiz express

47

Cochez la ou les bonnes réponses.

Nombres complexes

1 Les calculs algébriques

☐ **a.** $i^5 = i$
☐ **b.** $(1+i)^2 = 2i$
☐ **c.** $(1+i)(1-i) = 2$

2 Le module

☐ **a.** $|1+i| = 2$
☐ **b.** $|3-i| = |1+3i|$
☐ **c.** x et y étant des nombres réels, $|x+iy| = x^2 + y^2$
☐ **d.** $|z| = 1 \Rightarrow \overline{z} = \frac{1}{z}$

3 Les arguments

☐ **a.** $\arg(i) = \frac{\pi}{2} + k\pi,\ k \in \mathbb{Z}$
☐ **b.** Si $z \neq 0$, alors $\arg(z) = 0 + k\pi \Leftrightarrow z \in \mathbb{R}$.
☐ **c.** Si $z \neq 0$, z est imaginaire pur si et seulement si $\arg(z) = k\pi,\ k \in \mathbb{Z}$.

4 La forme trigonométrique

Soit θ un nombre réel.
☐ **a.** $\sin\theta + i\cos\theta$ est la forme trigonométrique d'un nombre complexe.
☐ **b.** $z = \cos\theta + i\sin\theta \Rightarrow \frac{1}{z} = \cos\theta - i\sin\theta$
☐ **c.** $\cos\theta(\cos\theta + i\sin\theta)$ est la forme trigonométrique d'un nombre complexe.

5 La forme exponentielle

☐ **a.** $-1 = e^{i\pi}$
☐ **b.** $e^{i\frac{\pi}{2}} = 1$
☐ **c.** Soit θ un nombre réel. Alors $z = e^{i\theta} \Rightarrow \overline{z} = -e^{i\theta}$.

6 Cas particuliers

☐ **a.** $z = 1+i \Rightarrow \frac{1}{z} = 1-i$
☐ **b.** Soit θ un nombre réel ; alors $\mathrm{Re}(e^{i\theta}) = \mathrm{Im}(ie^{i\theta})$.

Corrigés

Score : … / 6

1 *Les calculs algébriques*

Fiche 43

a. Vrai. $i^5 = i^4 i = (i^2)^2 i = (-1)^2 i = i$. Plus généralement, soit k un entier relatif. Alors $i^{4k} = 1$, $i^{4k+1} = i$, $i^{4k+2} = -1$, $i^{4k+3} = -i$.

b. Vrai. $(1+i)^2 = 1^2 + 2i + i^2 = 2i$

c. Vrai. $(1+i)(1-i) = 1 - i^2 = 2$

2 *Le module*

Fiches 43 et 44

a. Faux. $|1+i| = \sqrt{2}$

b. Vrai. $|3-i| = |1+3i| = \sqrt{10}$

c. Faux. $|x + iy| = \sqrt{x^2 + y^2}$

d. Vrai. $|z|^2 = z\overline{z}$; donc si $z\overline{z} = 1$, alors $z \neq 0$ et donc $\overline{z} = \dfrac{1}{z}$.

3 *Les arguments*

Fiche 44

a. Faux. $\arg(i) = \dfrac{\pi}{2} + 2k\pi$

b. Vrai. De plus $z \in \mathbb{R}^{+*} \Leftrightarrow \arg(z) = 2k\pi$ et $z \in \mathbb{R}^{-*} \Leftrightarrow \arg(z) = (2k+1)\pi$

c. Faux. z est imaginaire pur si et seulement si $\arg(z) = \dfrac{\pi}{2} + k\pi,\ k \in \mathbb{Z}$.

4 *La forme trigonométrique*

Fiche 44

a. Faux. La forme trigonométrique est $r(\cos\theta + i\sin\theta)$.

b. Vrai. $|z|^2 = \sqrt{\cos^2\theta + \sin^2\theta}^{\,2} = 1$

$\Rightarrow z\overline{z} = 1 \Rightarrow \overline{z} = \dfrac{1}{z} \Rightarrow \overline{\cos\theta + i\sin\theta} = \dfrac{1}{z}$

> ATTENTION !
> Notez bien la place de $\cos\theta$ et $\sin\theta$.

c. Faux. $\cos\theta(\cos\theta + i\sin\theta)$ est la forme trigonométrique d'un nombre complexe si et seulement si $\cos\theta > 0$.

5 *La forme exponentielle*

Fiche 45

a. Vrai. $e^{i\pi} = \cos\pi + i\sin\pi = -1$

b. Faux. $e^{i\frac{\pi}{2}} = \cos\left(\dfrac{\pi}{2}\right) + i\sin\left(\dfrac{\pi}{2}\right) \Rightarrow e^{i\frac{\pi}{2}} = i$

c. Faux. $z = e^{i\theta} \Rightarrow \overline{z} = e^{i(-\theta)} = \dfrac{1}{e^{i\theta}}$

6 *Cas particuliers*

Fiches 43 à 45

a. Faux. $z = 1+i \Rightarrow \dfrac{1}{z} = \dfrac{1-i}{(1+i)(1-i)} = \dfrac{1}{2}(1-i)$

b. Vrai. $ie^{i\theta} = i(\cos\theta + i\sin\theta) = -\sin\theta + i\cos\theta$

Étudier la position relative de droites et de plans

48

QUIZ p. 111

RAPPELS DE COURS

1 Positions relatives de deux droites dans l'espace

Deux droites de l'espace peuvent être **coplanaires** (elles sont alors parallèles ou sécantes) ou **non coplanaires** (elles n'ont alors aucun point en commun).

REMARQUE Dans l'espace, deux droites n'ayant aucun point en commun ne sont pas nécessairement parallèles.

2 Positions relatives d'une droite et d'un plan

Une droite et un plan peuvent :

- n'avoir **aucun point** en commun. Alors ils sont parallèles ;
- avoir **un seul point** en commun. Dans ce cas, la droite perce le plan ;
- avoir une **infinité de points** en commun. La droite est alors incluse dans le plan.

3 Positions relatives de trois plans

On considère trois plans $\mathcal{P}$, $\mathcal{Q}$ et $\mathcal{R}$.

▶ Si $\mathcal{P}$ et $\mathcal{Q}$ sont parallèles, alors $\mathcal{P}$ et $\mathcal{R}$ peuvent être soit parallèles soit sécants. Dans ces deux cas, il n'existe aucun point commun aux trois plans.

▶ Si $\mathcal{P}$ et $\mathcal{Q}$ sont **sécants** selon une droite $\mathcal{D}$, alors :

- si $\mathcal{D}$ est parallèle à $\mathcal{R}$, il n'existe aucun point commun aux trois plans ;
- si $\mathcal{D}$ perce $\mathcal{R}$ en A, alors les trois plans ont un point commun unique ;
- si $\mathcal{D}$ est incluse dans $\mathcal{R}$, alors les trois plans ont une infinité de points en commun : les points de la droite $\mathcal{D}$.

Théorème du toit : Soit $\mathcal{P}$ et $\mathcal{P}'$ deux plans sécants selon une droite Δ. Si une droite $\mathcal{D}$ de $\mathcal{P}$ est parallèle à une droite $\mathcal{D}'$ de $\mathcal{P}'$, alors Δ est parallèle à $\mathcal{D}$ et à $\mathcal{D}'$.

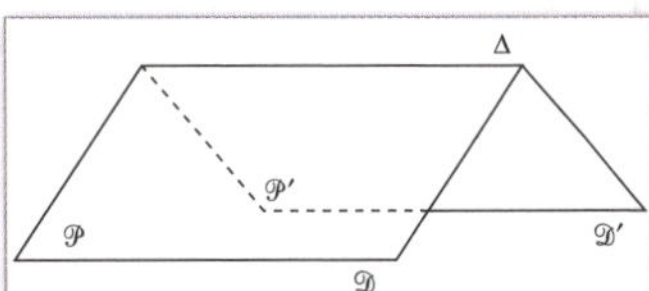

4 Orthogonalité de droites et de plans

▶ Dire qu'une droite $\mathcal{D}$ est **orthogonale à une droite** $\mathcal{D}'$ signifie qu'il existe une droite Δ parallèle à $\mathcal{D}$ qui est perpendiculaire à $\mathcal{D}'$ (et donc Δ et $\mathcal{D}'$ sont coplanaires).

▶ Dire qu'une droite est **orthogonale à un plan** signifie qu'elle est orthogonale à toute droite du plan.

> À NOTER ! **Si, de plus, $\mathcal{D}$ et $\mathcal{D}'$ sont sécantes, alors elles sont perpendiculaires.**

THÉORÈME Une droite est orthogonale à un plan si, et seulement si, elle est orthogonale à deux droites sécantes de ce plan.

MÉTHODE

Déterminer les positions relatives de droites et de plans

Dans un plan $\mathcal{P}$, on considère un cercle $\mathcal{C}$ de diamètre [AB]. Soit Δ la droite orthogonale à $\mathcal{P}$ en A et D un point de Δ distinct de A. On considère un point M de $\mathcal{C}$ distinct de A et B.

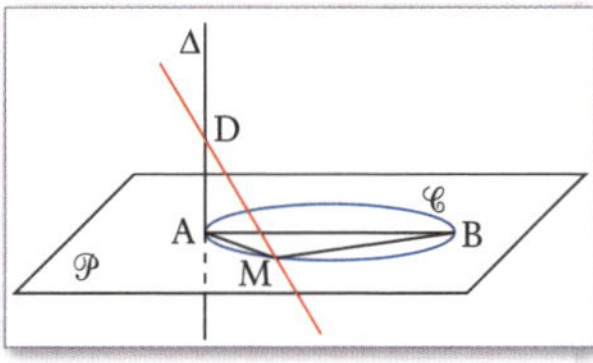

1. Montrer que la droite Δ est incluse dans le plan MAD.
2. Montrer que (BM) est perpendiculaire à (AM) et orthogonale à Δ.
3. Montrer que $(BM) \perp (DM)$.

CONSEILS

2. Rappelez-vous d'un théorème de quatrième.
3. Démontrez que (BM) est orthogonale au plan MAD.

SOLUTION

1. Δ passe par A et D donc Δ est contenue dans le plan MAD.
2. D'une part, le triangle BAM est inscrit dans le cercle $\mathcal{C}$ et un de ses côtés est un diamètre de ce cercle. Donc il est rectangle en M. Par conséquent, la droite (BM) est perpendiculaire à (AM).
D'autre part, Δ étant orthogonale à $\mathcal{P}$, elle est orthogonale à toute droite de $\mathcal{P}$, en particulier à (BM).
3. (BM) étant orthogonale à deux droites sécantes du plan MAD, elle est orthogonale à ce plan, et donc orthogonale à toute droite contenue dans ce plan, en particulier à (DM). Ces deux droites étant sécantes, elles sont perpendiculaires.

Calculer vectoriellement dans un repère

49

QUIZ p. 111

RAPPELS DE COURS

1 Vecteurs colinéaires et coplanaires

▶ Sur la figure ci-contre, les vecteurs $\vec{u}$ et $\vec{v}$ ne sont pas colinéaires.
Le triplet $(A, \vec{u}, \vec{v})$ est donc un repère du plan (ABC).

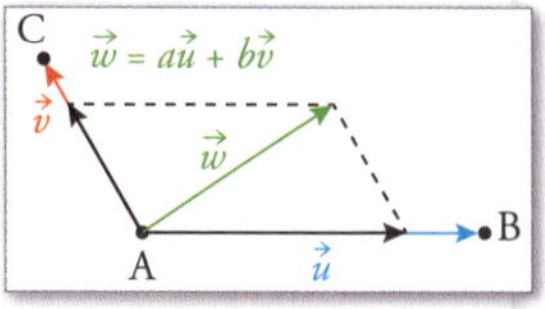

▶ En général, dire que trois vecteurs $\vec{u}$, $\vec{v}$ et $\vec{w}$ sont **coplanaires** signifie qu'il existe deux nombres a et b tels que $\vec{w} = a\vec{u} + b\vec{v}$.

2 Repères de l'espace

▶ Un repère de l'espace est un quadruplet constitué d'un point et de trois vecteurs non coplanaires, par exemple $\left(O\,;\vec{i},\vec{j},\vec{k}\right)$.

▶ Pour tout point M de l'espace, il existe trois nombres uniques x, y et z tels que $\overrightarrow{OM} = x\vec{i} + y\vec{j} + z\vec{k}$.
x, y et z sont respectivement l'abscisse, l'ordonnée et la cote de M ou du vecteur $\overrightarrow{OM}$.

REMARQUES

- Si les trois vecteurs sont de même longueur et orthogonaux deux à deux, alors le repère s'appelle un **repère orthonormé**.
- Les mêmes points ont des coordonnées qui peuvent être distinctes selon les repères que l'on considère.

3 Formules utiles

Quel que soit le repère utilisé, si $A(x_A\,;y_A\,;z_A)$ et $B(x_B\,;y_B\,;z_B)$ sont deux points, I leur milieu et si $\vec{u}(x\,;y\,;z)$ et $\vec{u'}(x'\,;y'\,;z')$,

alors : $\overrightarrow{AB}\begin{pmatrix} x_B - x_A \\ y_B - y_A \\ z_B - z_A \end{pmatrix}$ $\quad I\left(\dfrac{x_B + x_A}{2}\,;\dfrac{y_B + y_A}{2}\,;\dfrac{z_B + z_A}{2}\right)$

$\vec{u} + \vec{u'}\begin{pmatrix} x + x' \\ y + y' \\ z + z' \end{pmatrix}$ et $\lambda\vec{u}\begin{pmatrix} \lambda x \\ \lambda y \\ \lambda z \end{pmatrix}$ avec $\lambda \in \mathbb{R}$.

MÉTHODE

Déterminer les coordonnées de points dans un repère

On considère un repère de l'espace $\left(O;\vec{i},\vec{j},\vec{k}\right)$ et les points $A(0;0;-1)$, $B(1;1;1)$ et $C(-2;0;3)$.

1. Démontrer qu'il existe un unique point G tel que :
$\overrightarrow{GO}+2\overrightarrow{GA}+3\overrightarrow{GB}+6\overrightarrow{GC}=\vec{0}$.

2. Soit H le point tel que $\overrightarrow{AO}=3\overrightarrow{AH}$ et I le milieu de [HB].
Déterminer les coordonnées de H et I.

3. Montrer que G est le milieu de [CI].

Conseils

1. Recherchez G à l'aide de ses coordonnées $(x_G\,;y_G\,;z_G)$.
2. Trouvez les coordonnées du milieu de [CI] puis comparez-les à celles de G.

Solution

1. Supposons que le point G existe.
Le vecteur $\overrightarrow{GO}+2\overrightarrow{GA}+3\overrightarrow{GB}+6\overrightarrow{GC}$ a pour coordonnées :

$$\begin{pmatrix}-x_G\\-y_G\\-z_G\end{pmatrix}+2\begin{pmatrix}-x_G\\-y_G\\-1-z_G\end{pmatrix}+3\begin{pmatrix}1-x_G\\1-y_G\\1-z_G\end{pmatrix}+6\begin{pmatrix}-2-x_G\\-y_G\\3-z_G\end{pmatrix}=\begin{pmatrix}-9-12x_G\\3-12y_G\\19-12z_G\end{pmatrix}.$$

Donc $\begin{pmatrix}-9-12x_G\\3-12y_G\\19-12z_G\end{pmatrix}=\begin{pmatrix}0\\0\\0\end{pmatrix}\Leftrightarrow x_G=-\dfrac{3}{4};y_G=\dfrac{1}{4};z_G=\dfrac{19}{12}$.

2. On a $\begin{pmatrix}0\\0\\1\end{pmatrix}=3\begin{pmatrix}x_H\\y_H\\z_H+1\end{pmatrix}\Rightarrow H\begin{pmatrix}0\\0\\-\dfrac{2}{3}\end{pmatrix}$

et donc I a pour coordonnées $\left(\dfrac{1}{2};\dfrac{1}{2};\dfrac{1}{6}\right)$.

3. Le milieu J de [CI] a pour coordonnées :

$$\left(\frac{-2+\frac{1}{2}}{2};\frac{0+\frac{1}{2}}{2};\frac{3+\frac{1}{6}}{2}\right)=\left(-\frac{3}{4};\frac{1}{4};\frac{19}{12}\right).$$

On a donc J = G, ce qu'il fallait démontrer.

Déterminer des équations paramétriques

50

QUIZ p. 111

RAPPELS DE COURS

On se place dans un repère quelconque de l'espace.

1 Caractérisation d'une droite de l'espace

On considère une droite $\mathscr{D}$ passant par $A(x_A ; y_A ; z_A)$ et dont un vecteur directeur est $\vec{u}(\alpha ; \beta ; \gamma)$.

▶ $M(x ; y ; z) \in \mathscr{D} \Leftrightarrow$ Il existe $\lambda \in \mathbb{R}$ tel que $\overrightarrow{AM} = \lambda\vec{u}$

$$\Leftrightarrow \begin{cases} x = x_A + \lambda\alpha \\ y = y_A + \lambda\beta \\ z = z_A + \lambda\gamma \end{cases}$$

Ce sont les **équations paramétriques** de $\mathscr{D}$.
Le paramètre en question est le nombre λ. Pour écrire les équations paramétriques de deux droites, on utilisera λ et λ'.

▶ Lorsqu'aucune coordonnée de $\vec{u}$ n'est nulle, les équations paramétriques sont équivalentes à : $\dfrac{x - x_A}{\alpha} = \dfrac{y - y_A}{\beta} = \dfrac{z - z_A}{\gamma}$.

2 Caractérisation d'un plan

Soit $A(x_A ; y_A ; z_A)$ un point et $\vec{u}(\alpha ; \beta ; \gamma)$ et $\vec{u}'(\alpha' ; \beta' ; \gamma')$ deux vecteurs non colinéaires.
Soit $\mathscr{P}$ le plan $\left(A ; \vec{u}, \vec{u'}\right)$.

À NOTER ! Pour voir d'autres caractérisations (→ FICHE 52)

▶ $M(x ; y ; z) \in \mathscr{P} \Leftrightarrow$ il existe λ et μ réels tels que $\overrightarrow{AM} = \lambda\vec{u} + \mu\vec{u'}$.

Donc :

$$M(x ; y ; z) \in \mathscr{P} \Leftrightarrow \begin{cases} x = x_A + \lambda\alpha + \mu\alpha' \\ y = y_A + \lambda\beta + \mu\beta' \\ z = z_A + \lambda\gamma + \mu\gamma' \end{cases}$$

Ce sont les **équations paramétriques** de $\mathscr{P}$.

▶ Les paramètres en question sont les nombres λ et μ.

ATTENTION ! $\vec{u}$ et $\vec{u'}$ ne doivent pas être colinéaires.

MÉTHODE

Trouver les coordonnées du point d'intersection d'un plan et d'une droite

On considère le plan $\mathcal{P}$ dont une équation cartésienne est $x+2y+z-1=0$ et la droite $\mathcal{D}$ dont les équations paramétriques sont : $\begin{cases} x=2+\lambda \\ y=1+\lambda \\ z=5+\lambda \end{cases}$

1. Déterminer un vecteur directeur et un point de $\mathcal{D}$.

2. Déterminer les coordonnées de l'intersection de $\mathcal{D}$ et $\mathcal{P}$.

CONSEIL

2. Il y a deux types de représentation des objets : cartésienne et paramétrique. L'objectif est de trouver la valeur de λ qui donnera la solution. Si on ne trouve pas de valeur pour λ, cela signifie que $\mathcal{D}$ est parallèle à $\mathcal{P}$.

SOLUTION

1. On peut écrire les équations paramétriques ainsi : $\begin{cases} x=2+\lambda 1 \\ y=1+\lambda 1 \\ z=5+\lambda 1 \end{cases}$.

C'est pourquoi un vecteur directeur $\vec{u}$ a pour coordonnées $\begin{pmatrix} 1 \\ 1 \\ 1 \end{pmatrix}$.

Le point $C\begin{pmatrix} 2 \\ 1 \\ 5 \end{pmatrix}$ appartient à $\mathcal{D}$.

2. $M \in \mathcal{P} \cap \mathcal{D}$ si, et seulement si, il existe λ tel que :
$(2+\lambda)+2(1+\lambda)+(5+\lambda)-1=0$
Ce qui équivaut à $4\lambda+8=0$, soit à $\lambda=-2$.
En remplaçant λ par -2 dans les équations paramétriques de $\mathcal{D}$, on obtient : $\begin{cases} x=0 \\ y=-1 \\ z=3 \end{cases}$

Ainsi $\mathcal{D}$ perce $\mathcal{P}$ en $A(0\,;-1\,;3)$.
On vérifie de plus que $0+2\times-1+3-1=0$, ce qui assure que $A \in \mathcal{P}$.

Utiliser le produit scalaire dans l'espace

51

QUIZ p. 111

RAPPELS DE COURS

1 Norme d'un vecteur

La norme d'un vecteur $\vec{v}$ se note $\|\vec{v}\|$.

- Si $\vec{v} = \overrightarrow{AB}$, alors $\|\vec{v}\| = AB$.
- Dans un repère orthonormé, si $\vec{v}$ a pour coordonnées $(x\,;y\,;z)$, alors : $\|\vec{v}\| = \sqrt{x^2 + y^2 + z^2}$

À NOTER ! $\|\vec{v}\|$ ne dépend pas du choix de A et B.

2 Définition du produit scalaire dans l'espace

On considère trois points A, B, C, un plan $\mathcal{P}$ qui les contient, et deux vecteurs $\vec{u}$ et $\vec{v}$ tels que $\vec{u} = \overrightarrow{AB}$ et $\vec{v} = \overrightarrow{AC}$.

Dans le cas où A, B et C sont deux à deux distincts, $\vec{u} \cdot \vec{v} = \overrightarrow{AB} \cdot \overrightarrow{AH}$ où H est le projeté orthogonal de C sur (AB).

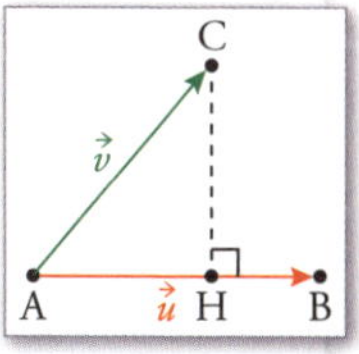

PROPRIÉTÉS

1. Si A, B et C sont deux à deux distincts : $\vec{u} \cdot \vec{v} = AB \times AC \cos \widehat{BAC}$
2. $\vec{u} \cdot \vec{v} = \vec{v} \cdot \vec{u}$; $(\lambda\vec{u}) \cdot \vec{v} = \lambda(\vec{u} \cdot \vec{v})$ avec $\lambda \in \mathbb{R}$;
$\vec{u} \cdot (\vec{v} + \vec{w}) = \vec{u} \cdot \vec{v} + \vec{u} \cdot \vec{w}$
3. $(\vec{u} \pm \vec{v}) \cdot (\vec{u} \pm \vec{v}) = \|\vec{u} \pm \vec{v}\|^2 = \|\vec{u}\|^2 \pm 2\vec{u} \cdot \vec{v} + \|\vec{v}\|^2$
4. $(\vec{u} + \vec{v}) \cdot (\vec{u} - \vec{v}) = \|\vec{u}\|^2 - \|\vec{v}\|^2$

3 Expression analytique dans un repère orthonormé

Étant donné deux vecteurs $\vec{u}$ et $\vec{u'}$ de coordonnées respectives $(x\,;y\,;z)$ et $(x'\,;y'\,;z')$ dans un repère orthonormé :

$$\vec{u} \cdot \vec{u'} = xx' + yy' + zz'$$

4 Orthogonalité dans l'espace

▶ Dire que deux vecteurs $\vec{u}$ et $\vec{v}$ sont orthogonaux signifie que leur produit scalaire est égal à 0 : $\vec{u} \perp \vec{v} \Leftrightarrow \vec{u} \cdot \vec{v} = 0$.

▶ Deux droites de l'espace sont orthogonales si et seulement si leurs vecteurs directeurs sont orthogonaux.

MÉTHODE

Déterminer des angles grâce au produit scalaire

On considère un cube et I et J les centres de deux faces.
Calculer une mesure des angles du triangle AIJ à un degré près.

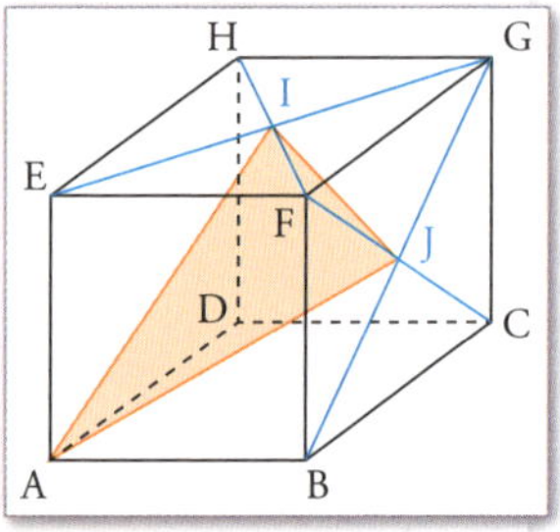

Conseils

- Placez-vous dans le repère orthonormé $\left(A\,;\overrightarrow{AB}\,;\overrightarrow{AD}\,;\overrightarrow{AE}\right)$. Calculez alors les coordonnées de I et de J qui sont des milieux de segments.
- Utilisez l'expression analytique du produit scalaire puis son expression à l'aide du cosinus.

Solution

On obtient immédiatement les coordonnées suivantes (→ FICHE 49)

$A\begin{pmatrix}0\\0\\0\end{pmatrix}$, $B\begin{pmatrix}1\\0\\0\end{pmatrix}$, $E\begin{pmatrix}0\\0\\1\end{pmatrix}$, $G\begin{pmatrix}1\\1\\1\end{pmatrix}$.

I est le milieu de [EG] donc ses coordonnées sont $\left(\frac{1}{2}\,;\frac{1}{2}\,;1\right)$.

J est le milieu de [BG] donc ses coordonnées sont $\left(1\,;\frac{1}{2}\,;\frac{1}{2}\right)$.

De plus $\overrightarrow{AI}$ a pour coordonnées $\left(\frac{1}{2}\,;\frac{1}{2}\,;1\right)$ et $\overrightarrow{AJ}\left(1\,;\frac{1}{2}\,;\frac{1}{2}\right)$. Donc $AI = \left\|\overrightarrow{AI}\right\| = \sqrt{\frac{3}{2}} = AJ$.

Le triangle AIJ est donc isocèle en A, ce qui implique $\widehat{AIJ} = \widehat{AJI}$.

D'autre part $\overrightarrow{AI}\cdot\overrightarrow{AJ} = AI \times AJ\cos\widehat{IAJ} = AI^2\cos\widehat{IAJ}$ et
$\overrightarrow{AI}\cdot\overrightarrow{AJ} = \frac{1}{2}\times 1 + \frac{1}{2}\times\frac{1}{2} + 1\times\frac{1}{2} = \frac{5}{4}$.

Par conséquent : $\frac{5}{4} = \frac{3}{2}\cos\widehat{IAJ} \Rightarrow \cos\widehat{IAJ} = \frac{5}{6} \Rightarrow \widehat{IAJ} \approx 34°$.

D'où $\widehat{AIJ} = \dfrac{180° - \widehat{IAJ}}{2} \Rightarrow \widehat{AIJ} \approx 73°$ et $\widehat{AJI} \approx 73°$.

Exploiter l'équation cartésienne d'un plan

52

? QUIZ p. 111

RAPPELS DE COURS

On se place dans un repère orthonormé de l'espace.

1 *Équations cartésiennes d'un plan*

Un vecteur **normal** $\vec{n}$ à un plan $\mathscr{P}$ est le vecteur directeur d'une droite orthogonale à ce plan.

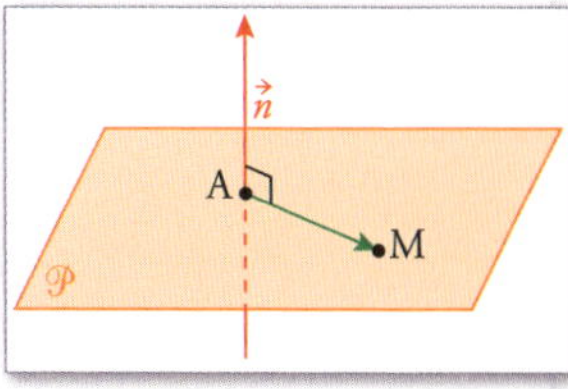

▶ Soit $\mathscr{P}$ un plan, A un point de $\mathscr{P}$ et $\vec{n}$ un vecteur normal à $\mathscr{P}$.
Un point M appartient à $\mathscr{P}$ si et seulement si $\overrightarrow{AM} \cdot \vec{n} = 0$.

Si on a $A\begin{pmatrix} x_0 \\ y_0 \\ z_0 \end{pmatrix}$, $M\begin{pmatrix} x \\ y \\ z \end{pmatrix}$ et $\vec{n}\begin{pmatrix} a \\ b \\ c \end{pmatrix}$, alors :

$$\overrightarrow{AM} \cdot \vec{n} = 0 \Leftrightarrow a(x - x_0) + b(y - y_0) + c(z - z_0) = 0$$

Cette dernière équation est de la forme $ax + by + cz + d = 0$.

> À NOTER ! C'est l'expression analytique du produit scalaire

▶ Réciproquement :
Soit a, b, c et d quatre nombres tels que $(a ; b ; c) \neq (0 ; 0 ; 0)$.
Toute équation de la forme $ax + by + cz + d = 0$ est une **équation cartésienne d'un plan** dont un vecteur normal a pour coordonnées $\begin{pmatrix} a \\ b \\ c \end{pmatrix}$.

2 *Orthogonalité de plans et de droites*

▶ Soit $\mathscr{D}$ une droite de vecteur directeur $\vec{u}$ et $\mathscr{P}$ un plan contenant deux vecteurs non colinéaires $\vec{v}$ et $\vec{v'}$. La droite $\mathscr{D}$ est orthogonale à $\mathscr{P}$ si et seulement si $\vec{u} \cdot \vec{v} = 0$ et $\vec{u} \cdot \vec{v'} = 0$.

▶ Deux plans de vecteurs normaux respectifs $\vec{n}$ et $\vec{n'}$ sont orthogonaux si, et seulement si, $\vec{n} \cdot \vec{n'} = 0$.

MÉTHODE

Trouver une équation cartésienne d'un plan médiateur

Le plan médiateur $\mathcal{P}$ d'un segment $[AB]$ est le plan orthogonal à la droite (AB) et passant par le milieu de $[AB]$.

À NOTER ! Le plan médiateur est aussi l'ensemble des points équidistants de A et B.

On considère les points $A(1\,;-1\,;0)$ et $B(0\,;2\,;1)$.

1. Trouver les coordonnées du milieu I de $[AB]$.

2. En déduire une équation du plan médiateur $\mathcal{P}$ de $[AB]$.

3. Vérifier que, pour tout point M de $\mathcal{P}$, on a $MA = MB$.

CONSEIL

2. Le vecteur $\overrightarrow{AB}$ est normal à $\mathcal{P}$, par définition.

SOLUTION

1. $x_I = \dfrac{x_A + x_B}{2}$, de même pour y_I et z_I d'où $I = \left(\dfrac{1}{2}\,;\dfrac{1}{2}\,;\dfrac{1}{2}\right)$.

2. *Première méthode.* On a $\overrightarrow{AB}(-1\,;3\,;1)$, donc :

$$\begin{aligned} M(x\,;y\,;z) \in \mathcal{P} &\Leftrightarrow \overrightarrow{IM}\cdot\overrightarrow{AB} = 0 \\ &\Leftrightarrow \left(x-\frac{1}{2}\right)(-1)+\left(y-\frac{1}{2}\right)3+\left(z-\frac{1}{2}\right)1 = 0 \\ &\Leftrightarrow -x+3y+z-\frac{3}{2} = 0 \end{aligned}$$

Deuxième méthode. $\overrightarrow{AB}$étant normal à $\mathcal{P}$, une équation de celui-ci est $-x+3y+z+d=0$.

À NOTER ! En multipliant par -2, on a aussi : $2x-6y-2z+3=0$.

Puisque $I \in \mathcal{P}$: $-\dfrac{1}{2}+\dfrac{3}{2}+\dfrac{1}{2}+d = 0 \Rightarrow d = -\dfrac{3}{2}$.

3. Soit $M(x\,;y\,;z)$ un point de $\mathcal{P}$.

$$\begin{aligned} MA = MB &\Leftrightarrow MA^2 - MB^2 = 0 \\ &\Leftrightarrow \left(\overrightarrow{MA}-\overrightarrow{MB}\right)\cdot\left(\overrightarrow{MA}+\overrightarrow{MB}\right) = 0 \\ &\Leftrightarrow \overrightarrow{BA}\cdot 2\overrightarrow{MI} = 0 \Leftrightarrow \overrightarrow{BA}\cdot\overrightarrow{MI} = 0 \end{aligned}$$

Or $\overrightarrow{BA}\cdot\overrightarrow{MI} = 1\left(\dfrac{1}{2}-x\right)-3\left(\dfrac{1}{2}-y\right)-1\left(\dfrac{1}{2}-z\right) = -x+3y+z-\dfrac{3}{2}$

Puisque $M \in \mathcal{P}$, ses coordonnées vérifient $-x+3y+z-\dfrac{3}{2}=0$.

On a bien $\overrightarrow{BA}\cdot\overrightarrow{MI} = 0$, d'où $MA = MB$.

Algorithmique 53

MÉTHODES

Tester l'orthogonalité de deux vecteurs

L'algorithme suivant permet de savoir si un vecteur est orthogonal à un vecteur donné.
Il utilise l'instruction conditionnelle SI… ALORS … SINON…

```
VARIABLES     a, b, c, ps sont des nombres réels
ENTRÉE        Demander à l'utilisateur les valeurs de a, b, c
TRAITEMENT    Affecter à ps la valeur a + 2b + 3c
              SI ps = 0 ALORS
SORTIE            Afficher « Le vecteur saisi et v(1 , 2 , 3)
                  sont orthogonaux »
                  SINON
SORTIE            Afficher « Le produit scalaire du vecteur
                  saisi et de v(1 , 2 , 3) est égal à »
SORTIE            Afficher ps
              Fin SI
```

1. Quel est le rôle de la variable *ps* ?
2. Quelles sont les coordonnées du vecteur donné au départ ? Comment le programme teste-t-il l'orthogonalité des deux vecteurs ?

CONSEILS

1. La variable *ps* est constituée des deux premières lettres de l'objet d'étude des fiches 51 et 52.
2. C'est une question de cours : $\vec{v} \perp \vec{v'} \Leftrightarrow \vec{v} \cdot \vec{v'} = 0$.

SOLUTION

1. La variable *ps* contient la valeur du produit scalaire des vecteurs $(1\,;2\,;3)$ et $(a\,;b\,;c)$.
2. Le vecteur donné au départ est le vecteur dont les coordonnées sont $(1\,;2\,;3)$. Le programme teste l'orthogonalité des deux vecteurs en calculant leur produit scalaire (contenu dans la variable *ps*). S'il est égal à 0, alors les deux vecteurs sont orthogonaux, sinon ils ne le sont pas.

Écrire une équation cartésienne d'un plan

Soit un plan $\mathcal{P}$ passant par un point A donné et dont un vecteur normal $\vec{n}$ a pour coordonnées $(a\,;b\,;c)$. L'algorithme ci-dessous permet de trouver une équation cartésienne de ce plan.

```
1  VARIABLES     a, b, c, d sont des nombres réels
2  ENTRÉE        Demander à l'utilisateur les valeurs de a, b, c
3  TRAITEMENT    d prend la valeur −a + b + 2c
4  SORTIE        Afficher d
```

1. Sans utiliser l'algorithme, donner une équation cartésienne de $\mathcal{P}$.
2. Sachant que le programme détermine une équation du type $ax + by + cz + d = 0$, trouver les coordonnées du point A.
3. Sachant que l'algorithme affiche « 3 » et que $a = 1$ et $c = 2$, déterminer une équation cartésienne de $\mathcal{P}$.

Conseils

2. Pensez à $\overrightarrow{AM} \cdot \vec{n} = 0$.
3. L'algorithme affiche la valeur de d.

Solution

1. Une équation de $\mathcal{P}$ est $ax + by + cz + d = 0$. On pourrait aussi choisir $ax + by + cz = d$, etc.

À NOTER ! La seule contrainte est que les coefficients de x, y et z doivent être proportionnels à a, b, c.

2. Un point $M\begin{pmatrix} x \\ y \\ z \end{pmatrix}$ appartient à $\mathcal{P}$ si et seulement si $\overrightarrow{AM} \cdot \vec{n} = 0$.

Si A a pour coordonnées $\begin{pmatrix} x_0 \\ y_0 \\ z_0 \end{pmatrix}$, alors :

$$\overrightarrow{AM} \cdot \vec{n} = 0 \Leftrightarrow (x - x_0)a + (y - y_0)b + (z - z_0)c = 0$$
$$\Leftrightarrow ax + by + cz - ax_0 - by_0 - cz_0 = 0.$$

On voit donc que $d = -ax_0 - by_0 - cz_0$.

Puisque $d = -a + b + 2c$, on obtient par identification :

$x_0 = 1$, $y_0 = -1$, $z_0 = -2$.

3. $d = 3$ donc :

$$-a + b + 2c = 3 \Leftrightarrow -1 + b + 4 = 3$$
$$\Leftrightarrow b = 0$$

L'équation cherchée est donc $x + 2z + 3 = 0$.

Quiz express

Cochez la ou les bonnes réponses.

54

Géométrie dans l'espace

1 Droites et plans

☐ **a.** Dans l'espace, deux droites non parallèles sont sécantes.

☐ **b.** On considère deux plans $\mathcal{P}$ et $\mathcal{Q}$. Si $\mathcal{P}//\mathcal{Q}$, alors toute droite de $\mathcal{P}$ est parallèle à toute droite de $\mathcal{Q}$.

☐ **c.** Deux droites sécantes sont coplanaires.

☐ **d.** Deux droites orthogonales sont nécessairement sécantes.

2 Les calculs dans un repère

On donne les points A(1 ; 0 ; 2) et B(−1 ; 1 ; 0).
I est le milieu de [AB].

☐ **a.** $I\left(0\,;\frac{1}{2}\,;1\right)$

☐ **b.** $\overrightarrow{AB}(-2\,;1\,;-2)$

☐ **c.** Des équations paramétriques de la droite (AB) sont
$$\begin{cases} x = 1 - 2t \\ y = t \\ z = -2t \end{cases}$$

3 Les plans

Soit a, b, c trois nombre réels.

☐ **a.** $ax + by + cz + d = 0$ est toujours une équation cartésienne d'un plan.

☐ **b.** L'équation $x + y = 0$ est une équation cartésienne d'un plan.

☐ **c.** Le plan dont une équation cartésienne est $2x - y = 3 - z$ a pour vecteur normal $\vec{n}(2\,;-1\,;-1)$ dans un repère orthonormé.

4 Le produit scalaire

On donne deux vecteurs $\vec{u}(x\,;y\,;z)$ et $\overrightarrow{u'}(x'\,;y'\,;z')$ dans un repère de l'espace.

☐ **a.** $\vec{u}\cdot\overrightarrow{u'} = 0$ si et seulement si $\vec{u} = \vec{0}$ ou $\overrightarrow{u'} = \vec{0}$.

☐ **b.** On a toujours $\vec{u}\cdot\overrightarrow{u'} = xx' + yy' + zz'$.

☐ **c.** $\vec{u}\cdot\overrightarrow{u'} = \frac{1}{2}\left(\left\|\vec{u}+\overrightarrow{u'}\right\|^2 - \left\|\vec{u}\right\|^2 - \left\|\overrightarrow{u'}\right\|^2\right)$

Corrigés !

Score : … / 4

1 Droites et plans

Fiche 48

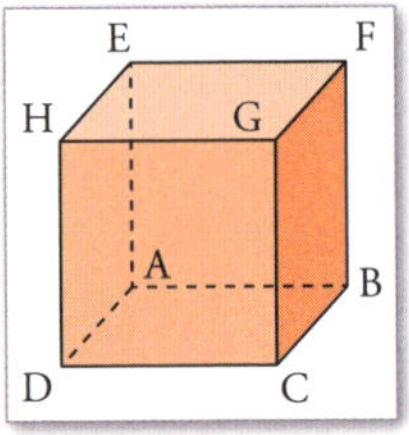

a. Faux. Par exemple dans le cube ci-contre, les droites (DC) et (FB) sont non parallèles et non sécantes.

b. Faux. Si $\mathcal{P} = (ABCD)$ et $\mathcal{Q} = (EFGH)$, les plans sont parallèles mais les droites (GH) et (BC) ne sont pas parallèles.

c. Vrai.

d. Faux. Les droites (GC) et (AB) sont orthogonales mais non sécantes.

2 Les calculs dans un repère

Fiches 49 et 50

a. Vrai.

b. Vrai.

c. Faux. Les coordonnées de $\overrightarrow{AB}$ étant $\begin{pmatrix} -2 \\ 1 \\ -2 \end{pmatrix}$, les coefficients de t donnés sont justes. Cependant on ne peut trouver t pour que A satisfasse les équations.

3 Les plans

Fiche 52

a. Faux. Pour que l'équation $ax + by + cz + d = 0$ soit celle d'un plan il faut et il suffit que le triplet (a, b, c) ne soit pas le triplet nul $(0, 0, 0)$. Donc a, b et c ne doivent pas être simultanément nuls.

b. Vrai. Vecteur normal (1 ; 1 ; 0).

c. Faux. $2x - y = 3 - z \Leftrightarrow 2x - y + z - 3 = 0$.
Un vecteur normal au plan est donc $\vec{n}(2; -1; 1)$.

4 Le produit scalaire

Fiche 51

a. Faux. $\vec{u} \cdot \vec{u}' = 0$ si et seulement si $\vec{u}$ et $\vec{u}'$ sont orthogonaux.

b. Faux. $\vec{u} \cdot \vec{u}' = xx' + yy' + zz'$ à condition que le repère soit orthonormé.

c. Vrai.

> À NOTER ! $\vec{0}$ est orthogonal à n'importe quel vecteur.

Connaître la divisibilité et les congruences

55

QUIZ p. 119

RAPPELS DE COURS

1 Diviseurs et multiples

Soit a et b deux nombres relatifs.
Dire que a divise b (on note $a \mid b$) signifie qu'il existe un entier relatif k tel que $b = ak$.
On dit alors que a est un **diviseur** de b et que b est un **multiple** de a.

> À NOTER ! $a \mid a$ et $-a \mid a$

PROPRIÉTÉS Soit a, b, c, u et v des entiers relatifs.
- Transitivité : $(a \mid b \text{ et } b \mid c) \Rightarrow a \mid c$
- Antisymétrie : $(a \mid b \text{ et } b \mid a) \Rightarrow a = b$
- Si c divise a et b, alors c divise toute combinaison linéaire de a et b, c'est-à-dire tout nombre de la forme $au + bv$.

REMARQUES
- Tout entier relatif a au moins deux diviseurs : 1 et -1.
- 0 est un multiple de tout entier relatif.

2 Division euclidienne

Soit a un entier relatif et b un entier relatif non nul. Il existe un unique couple d'entiers (q, r) tels que $a = bq + r$ avec $0 \leqslant r < |b|$.

REMARQUE a est un multiple de b si et seulement si le reste de la division euclidienne de a par b est nul.

3 Congruences

Soit n un entier naturel non nul.
Dire que deux entiers relatifs a et b sont **congrus modulo n** signifie que a et b ont le même reste dans la division euclidienne par n.
On écrit $a \equiv b\ [n]$ (a congru à b modulo n).

PROPRIÉTÉS Soit a, b, c des entiers relatifs, et $n \in \mathbb{N}^*$.
- $a \equiv b\ [n]$ équivaut à $a - b$ est divisible par n.
- $a \equiv 0\ [n]$ signifie que a est divisible par n.
- $(a \equiv b\ [n] \text{ et } b \equiv c\ [n])$
  $\Rightarrow a \equiv c\ [n]$ (transitivité).

> À NOTER ! Si $0 \leqslant b < n$, b s'appelle le résidu de a modulo n.

THÉORÈME

$(a \equiv b[n] \text{ et } c \equiv d[n]) \Rightarrow (a + c \equiv b + d[n] \text{ et } ac \equiv bd[n])$

CONSÉQUENCES Soit a, b, k des entiers relatifs, et n et p deux entiers de $\mathbb{N}^*$.

- $a \equiv b[n] \Rightarrow a + k \equiv b + k[n]$
- $a \equiv b[n] \Rightarrow ak \equiv bk[n]$
- $a \equiv b[n] \Rightarrow a^p \equiv b^p[n]$

MÉTHODE

Reconnaître des multiples de 3

Soit n un entier relatif.

1. Montrer qu'il y a exactement un multiple de 3 parmi les entiers n, $n + 19$ et $n + 29$.

2. Généralisation : on remplace 19 et 29 par des nombres p et q. Quelle condition doivent-ils satisfaire pour obtenir le même résultat qu'en **1.** ?

CONSEIL

1. Dire que a est un multiple de 3 signifie que $a \equiv 0\ [3]$.
Examinez tous les restes de la division de n par 3 et trouvez les résidus modulo 3 de 19 et 29.

SOLUTION

1. Du point de vue de la congruence modulo 3, n a exactement trois états : $n \equiv 0$, $n \equiv 1$ et $n \equiv 2$.
De plus, comme $19 = 3 \times 6 + 1$ et $29 = 3 \times 9 + 2$, on a : $19 \equiv 1[3]$ et $29 \equiv 2[3]$.

- Si $n \equiv 0[3]$, alors $n + 19 \equiv 0 + 1[3] \Rightarrow n + 19 \equiv 1[3]$.
De même $n + 29 \equiv 2[3]$.
- Si $n \equiv 1[3]$, alors $n + 19 \equiv 1 + 1[3] \Rightarrow n + 19 \equiv 2[3]$.
De même $n + 29 \equiv 3[3] \Rightarrow n + 29 \equiv 0[3]$.
- Si $n \equiv 2[3]$, alors $n + 19 \equiv 2 + 1[3] \Rightarrow n + 19 \equiv 0[3]$.
De même $n + 29 \equiv 4[3] \Rightarrow n + 29 \equiv 1[3]$.

Par conséquent, dans les trois états possibles de n, il y a exactement un des trois nombres n, $n + 19$ et $n + 29$ qui est un multiple de 3.

2. Soit p et q deux entiers relatifs tels que $p \equiv 1[3]$ et $q \equiv 2[3]$. En raisonnant comme précédemment, on voit qu'un seul des trois nombres n, $n + p$ et $n + q$ est un multiple de 3.

Utiliser le PGCD et les propriétés des nombres premiers entre eux

56

QUIZ p. 119

RAPPELS DE COURS

1 PGCD

Soit a et b deux nombres relatifs dont l'un au moins est non nul.

▶ Le PGCD de a et b est leur plus grand diviseur commun. On le note **PGCD(a ; b)** ou **$a \wedge b$**. On a donc $\text{PGCD}(a\,;b) > 0$.
Lorsque $a \wedge b = 1$, les deux entiers a et b sont dits **premiers entre eux**.

▶ Soit a, b et k des entiers relatifs.

$a \wedge 0 = a$ $\qquad$ $a \wedge b = |a| \wedge |b|$

$a \wedge 1 = 1$ $\qquad$ $a \mid b \Rightarrow a \wedge b = a$

$\text{PGCD}(ka\,;kb) = k\text{PGCD}(a\,;b)$

Pour $n \in \mathbb{N}$ et $p \in \mathbb{N}$, $a \wedge b = 1 \Rightarrow a^n \wedge b^p = 1$

PROPRIÉTÉS Soit a, b, k, δ des entiers **naturels** non nuls.

- Soit r le reste de la division euclidienne de a par b ; alors $a \wedge b = b \wedge r$. Ce résultat est le principe de base de l'algorithme d'Euclide (→ DÉPLIANT, XII).
- Les diviseurs communs à a et b sont les diviseurs de leur PGCD.
- $\delta = a \wedge b \Leftrightarrow \dfrac{a}{\delta} \wedge \dfrac{b}{\delta} = 1.$

2 Les propositions de Bézout

▶ **Identité de Bézout** : Soit a et b deux entiers relatifs non nuls dont le PGCD est δ. Alors il existe deux entiers relatifs u et v tels que $au + bv = \delta$.

▶ **Théorème de Bézout** : Deux entiers relatifs a et b sont premiers entre eux si et seulement si il existe deux entiers relatifs u et v tels que $au + bv = 1$.

À NOTER !
Dans les deux cas, les entiers u et v ne sont pas uniques.

3 Théorème de Gauss

Soit a, b, c trois entiers relatifs non nuls.

Théorème de Gauss : Si a divise bc et si a et b sont premiers entre eux, alors a divise c.
Autrement dit : $(a \mid bc \text{ et } a \wedge b = 1) \Rightarrow a \mid c$

MÉTHODE

Résoudre un système avec PGCD

On veut résoudre le système suivant, où x et y sont deux entiers naturels.

> RAPPEL
> $x \wedge y = \text{PGCD}(x\,;y)$

$$\begin{cases} x^2 - y^2 = 5\,440 \\ x \wedge y = 8 \end{cases}$$

1. Sachant que $5\,440 = 64 \times 85$, montrer que, pour résoudre le système, il suffit de trouver deux entiers naturels x' et y' premiers entre eux vérifiant l'équation $x'^2 - y'^2 = 85$.

2. Déterminer les diviseurs positifs de 85, puis trouver x' et y'.

3. Conclure.

Conseils

1. On sait que $\delta = a \wedge b \Leftrightarrow \frac{a}{\delta} \wedge \frac{b}{\delta} = 1$.

2. Retrouvez une identité remarquable.

Solution

1. Posons $x' = \frac{x}{8}$ et $y' = \frac{y}{8}$.

Puisque PGCD$(x\,;y)$ =8, alors x' et y' sont premiers entre eux.

Donc x et y existent si et seulement si $(8x')^2 - (8y')^2 = 5\,440$, c'est-à-dire $64\left(x'^2 - y'^2\right) = 64 \times 85 \Leftrightarrow x'^2 - y'^2 = 85$.

2. On a $85 = 1 \times 85$ et $85 = 5 \times 17$. Les diviseurs positifs de 85 sont donc 1, 5, 17, 85. (→ DÉPLIANT, XII).

De plus $x'^2 - y'^2 = 85 \Leftrightarrow (x' - y')(x' + y') = 85$.

Comme $x' + y'$ est un entier naturel, $x' - y'$ est également positif.

Par conséquent : $x'^2 - y'^2 = 85$ équivaut à :

$$\begin{cases} x' - y' = 1 \\ x' + y' = 85 \end{cases} \text{ ou } \begin{cases} x' - y' = 5 \\ x' + y' = 17 \end{cases}$$

$$\text{ou } \begin{cases} x' - y' = 85 \\ x' + y' = 1 \end{cases} \text{ ou } \begin{cases} x' - y' = 17 \\ x' + y' = 5 \end{cases}$$

Les deux premiers systèmes fournissent les couples $(x';y')$ suivants : (43 ; 42) et (11 ; 6). Les deux derniers donnent des valeurs négatives de y', qu'il faut donc rejeter.

3. Puisque $x = 8x'$ et $y = 8y'$, les couples-solutions $(x\,;y)$ sont $(344\,;336)$ et $(88\,;48)$.

Étudier les nombres premiers

57

QUIZ p. 119

RAPPELS DE COURS

1 Définition et propriétés

Un **nombre premier** est un entier naturel qui a exactement deux diviseurs.

- Le nombre 1 n'est pas premier car il n'a qu'un seul diviseur : 1.
- Les deux diviseurs d'un nombre premier sont 1 et lui-même.
- Il y a une infinité de nombres premiers.

À NOTER ! Il n'y a qu'un seul nombre premier pair : 2.

THÉORÈME Soit n un nombre entier au moins égal à 2.
Le plus petit diviseur de n autre que 1 est un nombre premier.
Donc, tout nombre strictement supérieur à 1 admet au moins un diviseur premier.

2 Nombres premiers et nombres premiers entre eux

Deux nombres premiers distincts sont **premiers entre eux**.

ATTENTION ! Faites bien la différence entre *un nombre premier* et *deux nombres premiers entre eux*.

3 Décomposition des nombres premiers et PGCD

▶ Tout entier naturel x strictement supérieur à 1 se décompose de manière unique en un produit de puissances de nombres premiers. Plus précisément : il existe n nombres premiers uniques $p_1, p_2, \ldots, p_n$ et n entiers strictement positifs uniques $a_1, a_2, \ldots, a_n$ tels que :

$$x = p_1^{a_1} p_2^{a_2} \ldots p_n^{a_n} = \prod_{i=1}^{i=n} p_i^{a_i}$$

▶ Le PGCD de deux entiers a et b est égal à 1 ou au produit des nombres premiers communs aux deux décompositions élevés chacun à la plus petite puissance.

EXEMPLE Si $a = 2^6 \times 7^4 \times 11^2$ et $b = 2^4 \times 3^2 \times 5 \times 11^3$, alors : $\text{PGCD}(a\,;b) = 2^4 \times 11^2$.

MÉTHODE

Construire un « désert » de nombres premiers

1. Soit n un entier naturel au moins égal à 2. On considère les nombres $(n+1)!+2, (n+1)!+3, \ldots, (n+1)!+(n+1)$.
Montrer qu'aucun de ces nombres n'est premier.

2. En déduire que l'on peut trouver une liste d'entiers consécutifs aussi longue que l'on veut ne contenant aucun nombre premier.

3. (Question indépendante de la précédente). Le théorème de Wilson affirme qu'un nombre p est premier si, et seulement si, $(p-1)! \equiv -1[p]$. Vérifier ce théorème pour $p=5$, $p=6$ et $p=7$.

CONSEILS

1. On sait que $n! = n \times (n-1) \times \ldots \times 1 = \prod_{k=1}^{k=n} k$.

3. Même si 6 n'est pas premier, on peut utiliser le théorème.

SOLUTION

1. $(n+1)!$ est divisible par 2, ce qui implique que $(n+1)!+2$ est aussi divisible par 2.
De la même façon, on démontre que, $(n+1)!$ étant divisible par k pour k allant de 2 à $n+1$, alors $(n+1)!+k$ est aussi divisible par k, donc $(n+1)!+k$ n'est pas premier.

> **RAPPEL**
> $0! = 1$ et $1! = 1$

2. Soit n un entier naturel supérieur à 2. La liste précédente fournit n nombres consécutifs tous non premiers.

3. On utilise $(p-1)! \equiv -1\ [p] \Leftrightarrow (p-1)!+1 \equiv 0[p]$

p	5	6	7
$(p-1)!+1$	25	121	721

D'une part, on a bien $25 \equiv 0[5]$ et, puisque $721 = 7 \times 103$, on a également $721 \equiv 0[7]$.
D'autre part, 121 n'est pas divisible par 6 ($6 \times 20 = 120$). Et, en effet, 6 n'est pas premier.
Le théorème peut s'énoncer ainsi : un entier p n'est pas premier si, et seulement si, $(p-1)!+1$ n'est pas divisible par p.

Quiz express

58

Cochez la ou les bonnes réponses.

Arithmétique

Dans toutes les questions, on considère des entiers a, b, c, n, m, u, v, x, ...

1 La divisibilité

- [ ] **a.** Le carré d'un entier impair est impair.
- [ ] **b.** $n = m \Leftrightarrow (n \mid m \text{ et } m \mid n)$
- [ ] **c.** Le reste de la division euclidienne de –213 par 19 est égal à –4.

2 Les congruences

Soit $a \equiv 1[5]$ et $b \equiv 3[7]$.

- [ ] **a.** $a + b \equiv 4[12]$
- [ ] **b.** $ab \equiv 3[35]$

3 Le PGCD

On pose $d = \text{PGCD}(a\,;b)$.

- [ ] **a.** Le PGCD de –50 et –75 est –25.
- [ ] **b.** d est un diviseur de $5a - 13b$.
- [ ] **c.** Si $a = da'$ et $b = db'$, alors a' et b' sont premiers entre eux.
- [ ] **d.** $\text{PGCD}(a^3; b^3) = d^3$

4 Les théorèmes de Bézout et de Gauss

On fixe les entiers a, b et c.

- [ ] **a.** Il est toujours possible de trouver u et v de telle sorte que $au + bv = 1$.
- [ ] **b.** On peut trouver les entiers x et y solutions de $ax + by = c$ si et seulement si c est un multiple de $a \wedge b$.
- [ ] **c.** Deux nombres premiers distincts sont premiers entre eux.

5 Cas particuliers

- [ ] **a.** $2a \equiv 0\,[6] \Rightarrow a \equiv 0\,[6]$
- [ ] **b.** Si $x = 2^3 \times 3 \times 37^2 \times 69$ et $y = 19^2 \times 37^5 \times 69^2$ alors $x \wedge y = 37^2 \times 69$
- [ ] **c.** $a \wedge b = 1 \Rightarrow a^n \wedge b^m = 1$ (n et m entiers naturels)
- [ ] **d.** Tout nombre premier est impair.

Corrigés

Score : … / 5

1 La divisibilité

Fiche 55

a. Vrai. $(2n+1)^2 = 4n^2 + 4n + 1 = 2(2n^2 + 2n) + 1$, donc $(2n+1)^2$ est impair.

b. Vrai.

c. Faux. $-213 = -11 \times 19 - 4$

$\Rightarrow -213 = -11 \times 19 - 19 + 15$

$= -12 \times 19 + 15.$

Comme $0 \leqslant 15 < 19$ le reste de la division euclidienne de -213 par 19 est 15.

RAPPEL Le reste d'une division euclidienne est positif.

2 Les congruences

Fiche 55

a. Faux. En effet, pour $a = 6$ et $b = 17$, on a :

$a + b = 23 \Rightarrow a + b \equiv 11[12]$.

b. Faux. En choisissant $a = 6$ et $b = 10$, on a :

$ab = 60 \Rightarrow ab \equiv 25\,[35]$.

3 Le PGCD

Fiche 56

a. Faux. Le PGCD de deux entiers est un entier naturel :

$(-50) \wedge (-75) = 25$.

b. Vrai. Un diviseur commun à deux entiers est un diviseur de toute combinaison linéaire de ces deux entiers.

c. Vrai.

d. Vrai. On peut généraliser : pour tout $n \in \mathbb{N}$, on a :

$d = a \wedge b \Rightarrow d^n = a^n \wedge b^n$.

4 Les théorèmes de Bézout et de Gauss

Fiches 56 et 57

a. Faux. u et v existent si et seulement si a et b sont premiers entre eux.

b. Vrai.

c. Vrai.

5 Cas particuliers

Fiches 55 à 57

a. Faux. Si $a = 3$, on a $2a \equiv 0\ [6]$. En revanche, si p est premier, alors $ab \equiv 0[p] \Rightarrow a \equiv 0[p] ou\ b \equiv 0[p]$.

b. Faux. Comme $69 = 3 \times 23$, 69 n'est pas un nombre premier. On trouve :

$x = 2^3 \times 3^2 \times 23 \times 37^2$ et $y = 3^2 \times 19^2 \times 23^2 \times 37^5$,

donc $x \wedge y = 3^2 \times 23 \times 37^2 = 3 \times 37^2 \times 69$.

c. Vrai.

d. Faux. Le nombre 2 est le seul nombre premier pair.

Opérer avec les matrices

59

QUIZ p. 127

RAPPELS DE COURS

1 Terminologie et notations

▶ Une **matrice** est un tableau de nombres. Il a n lignes et p colonne. On note a_{ij} le coefficient situé à la ligne i et la colonne j.

Si $n = p$, alors c'est une **matrice carrée d'ordre n**.
Si $n = 1$, c'est une **matrice ligne** et si $p = 1$ c'est une **matrice colonne.**

▶ Une **matrice nulle** est une matrice dont tous les termes sont nuls.

2 Opérations sur les matrices

Soit A une matrice de coefficients $\left(a_{ij}\right)$ et B une matrice de coefficients $\left(b_{ij}\right)$.

▶ Si A et B ont les mêmes dimensions, alors la **somme $A + B$** est une matrice C de coefficients $\left(c_{ij}\right) = \left(a_{ij} + b_{ij}\right)$.

▶ Pour tout nombre λ, on effectue le **produit λA** en multipliant chaque terme de la matrice A par λ : $(\lambda A)_{ij} = \left(\lambda a_{ij}\right)$.

▶ Pour effectuer le **produit AB**, il est nécessaire et suffisant que le nombre de colonnes de A soit égal au nombre de lignes de B. On trouve chaque terme de $C = AB$ comme dans l'exemple ci-contre.

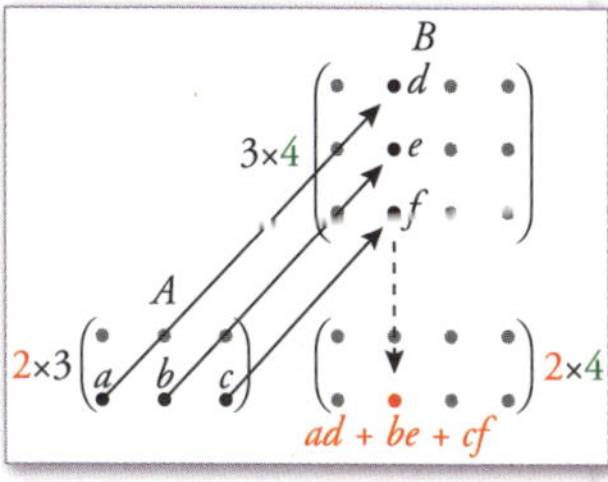

REMARQUES

• En général, $AB \neq BA$ (la multiplication des matrices n'est pas commutative).

• On peut avoir $AB = 0$ alors que $A \neq 0$ et $B \neq 0$.

3 Matrice diagonale

▶ Un matrice carrée est dite **diagonale** lorsque tous ses termes sont nuls sauf éventuellement ceux de sa diagonale.

▶ Une matrice diagonale dont tous les termes diagonaux sont égaux à 1 s'appelle une **matrice identité** d'ordre n, notée I_n.

Pour toute matrice carrée A d'ordre n : $AI_n = I_nA = A$.

▶ La somme et le produit de deux matrices diagonales est une matrice diagonale. Si D de coefficients $\left(d_{ij}\right)$ est diagonale, alors pour tout $p \in \mathbb{N}$, D^p est diagonale et a pour termes (d_{ij}^p).

MÉTHODE

Effectuer des calculs sur les matrices

Soit les matrices :

$$A = \begin{pmatrix} 0 & 1 \\ \frac{2}{9} & \frac{1}{3} \end{pmatrix}, P = \begin{pmatrix} 3 & -3 \\ 2 & 1 \end{pmatrix}, Q = \begin{pmatrix} \frac{1}{9} & \frac{1}{3} \\ -\frac{2}{9} & \frac{1}{3} \end{pmatrix} \text{ et } D = \begin{pmatrix} \frac{2}{3} & 0 \\ 0 & -\frac{1}{3} \end{pmatrix}.$$

1. Comparer PDQ et A.

2. Calculer PQ et QP.

3. Calculer D^n pour tout $n \in \mathbb{N}$ et en déduire $\lim\limits_{n \to +\infty} D^n$.

CONSEILS

1. Calculez d'abord PD.

3. La limite de D^n est une matrice dont les termes sont les limites de chaque terme de D^n.

SOLUTION

1. $PD = \begin{pmatrix} 2 & 1 \\ \frac{4}{3} & -\frac{1}{3} \end{pmatrix}$

$$\Rightarrow PDQ = \begin{pmatrix} 2 & 1 \\ \frac{4}{3} & -\frac{1}{3} \end{pmatrix} \begin{pmatrix} \frac{1}{9} & \frac{1}{3} \\ -\frac{2}{9} & \frac{1}{3} \end{pmatrix} = \begin{pmatrix} 0 & 1 \\ \frac{2}{9} & \frac{1}{3} \end{pmatrix} = A.$$

2. $QP = PQ = \begin{pmatrix} 1 & 0 \\ 0 & 1 \end{pmatrix} = I_2$.

3. $D^n = \begin{pmatrix} \left(\frac{2}{3}\right)^n & 0 \\ 0 & \left(-\frac{1}{3}\right)^n \end{pmatrix}$. Donc $\lim\limits_{n \to +\infty} D^n = \begin{pmatrix} 0 & 0 \\ 0 & 0 \end{pmatrix}$.

Utiliser l'inverse d'une matrice

60

QUIZ p. 127

RAPPELS DE COURS

Dans toute la suite, on considère des matrices carrées d'ordre n ($n \in \mathbb{N}^*$) et la matrice identité I_n.

1 Matrices inversibles

Dire qu'une matrice M est **inversible** signifie qu'il existe une matrice, notée M^{-1}, telle que $MM^{-1} = M^{-1}M = I_n$.

ASTUCE Pour déterminer M^{-1}, on peut utiliser la calculatrice.

THÉORÈME Soit A une matrice inversible, X et B des matrices telles que l'équation $AX = B$, dont l'inconnue est X, ait un sens. Alors $X = A^{-1}B$.

À NOTER ! En général $A^{-1}B \neq BA^{-1}$

THÉORÈME Toute matrice diagonale dont aucun élément diagonal n'est nul est inversible. Son inverse est égale à la matrice diagonale dont les éléments diagonaux sont les inverses des précédents.

2 Résolution de systèmes

Le système au triplet inconnu $(x\,;y\,;z)$ $\begin{cases} ax + by + cz = j \\ dx + ey + fz = k \\ gx + hy + iz = l \end{cases}$

s'écrit sous forme matricielle $AX = B$ où :

$$A = \begin{pmatrix} a & b & c \\ d & e & f \\ g & h & i \end{pmatrix},\ B = \begin{pmatrix} j \\ k \\ l \end{pmatrix},\ X = \begin{pmatrix} x \\ y \\ z \end{pmatrix}.$$

Ce système a une solution unique si et seulement si A est inversible. On a alors $X = A^{-1}B$.

3 Calcul de la puissance d'une matrice carrée

Soit A une matrice carrée. Supposons qu'il existe deux matrices carrées D et P vérifiant les conditions « P est inversible et $A = P^{-1}DP$ ». Alors, pour tout entier naturel q on a $A^q = P^{-1}D^qP$.

REMARQUE Cette décomposition de A^q est particulièrement utile si D est diagonale. En effet les éléments diagonaux de D^q sont les éléments diagonaux de D élevés à la puissance q.

MÉTHODE

Utiliser des matrices inversibles

On veut déterminer une équation cartésienne du plan $\mathcal{P}$ passant par les points $A\begin{pmatrix}1\\1\\1\end{pmatrix}$, $B\begin{pmatrix}-2\\0\\5\end{pmatrix}$, $C\begin{pmatrix}2\\1\\-2\end{pmatrix}$ dans un repère de l'espace. On admet qu'il ne passe pas par l'origine.

1. Démontrer qu'une équation de ce plan est de la forme $ax + by + cz - 1 = 0$.

2. En déduire un système de trois équations à trois inconnues dont (a, b, c) est une solution.

3. Écrire le système précédent sous forme matriciel et conclure.

Conseils

1. (→ Fiche 52)

2. Traduisez l'appartenance des trois points au plan.

Solution

1. Une équation cartésienne d'un plan est de la forme $ax + by + cz + d = 0$. Comme il ne contient pas l'origine, $d \neq 0$.
L'équation précédente est donc équivalente à
$\frac{a}{-d}x + \frac{b}{-d}y + \frac{c}{-d}z - 1 = 0$ qui est bien du type demandé.

2. On obtient le système $\begin{cases} a + b + c = 1 & (A \in \mathcal{P}) \\ -2a + 5c = 1 & (B \in \mathcal{P}) \\ 2a + b - 2c = 1 & (C \in \mathcal{P}) \end{cases}$.

La première équation se trouve ainsi :
$A \in \mathcal{P} \Rightarrow a \times 1 + b \times 1 + c \times 1 - 1 = 0$.
Les autres se trouvent de façon analogue.

3. Posons $M = \begin{pmatrix} 1 & 1 & 1 \\ -2 & 0 & 5 \\ 2 & 1 & -2 \end{pmatrix}$, $X = \begin{pmatrix} a \\ b \\ c \end{pmatrix}$, $B = \begin{pmatrix} 1 \\ 1 \\ 1 \end{pmatrix}$.

Le système précédent équivaut à l'équation matricielle $MX = B$ qui a pour solution $M^{-1}B$. Une calculatrice (ou un logiciel de calcul formel) fournit $M^{-1} = \begin{pmatrix} 5 & -3 & -5 \\ -6 & 4 & 7 \\ 2 & -1 & -2 \end{pmatrix}$ et donc $X = \begin{pmatrix} -3 \\ 5 \\ -1 \end{pmatrix}$.

Une équation cartésienne du plan (ABC) est donc
$-3x + 5y - z - 1 = 0$.

Calculer des probabilités avec des matrices

61

QUIZ p. 127

RAPPELS DE COURS

1 Marche aléatoire et matrice de transition

▶ On considère un processus aléatoire modélisé par le graphe ci-dessous.

Si à une étape quelconque le processus est dans l'état A, alors, à l'étape suivante, il sera dans l'état :

- A avec la probabilité 0,05 ;
- B avec la probabilité 0,5 ;
- C avec la probabilité 0,45 ;

On raisonne de même pour les états B et C.

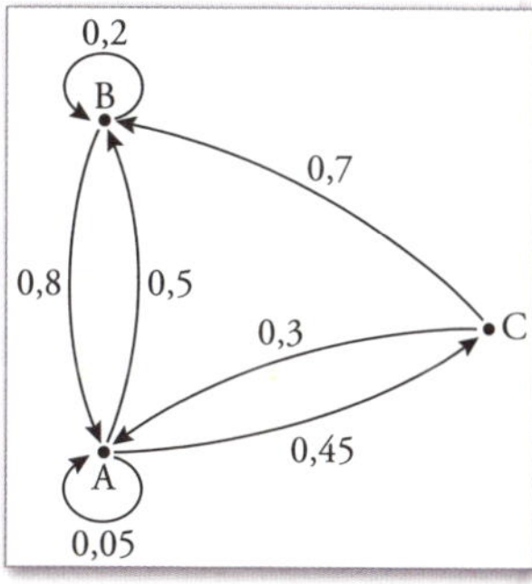

> **À NOTER !** Ce modèle est généralisable à n dimensions.

▶ Cette situation se résume par la matrice M suivante, construite colonne par colonne et appelée **matrice de transition** (les lettres sont indiquées pour mémoire) :

$$\begin{array}{c} \begin{matrix} \text{A} & \text{B} & \text{C} \end{matrix} \\ \begin{pmatrix} 0{,}05 & 0{,}8 & 0{,}3 \\ 0{,}5 & 0{,}2 & 0{,}7 \\ 0{,}45 & 0 & 0 \end{pmatrix} \begin{matrix} \text{A} \\ \text{B} \\ \text{C} \end{matrix} \end{array}$$

Dans une matrice de transition, tous les coefficients sont compris entre 0 et 1 et la somme d'une colonne quelconque est égale à 1.

▶ Notons $X_n = \begin{pmatrix} a_n \\ b_n \\ c_n \end{pmatrix}$ la matrice-colonne des probabilités du processus à l'étape n (la probabilité que le processus soit dans l'état C par exemple est c_n).

> **À NOTER !** $a_n + b_n + c_n = 1$

On a alors $X_{n+1} = MX_n$ et donc $X_n = M^n X_0$.

2 Limites de suites de matrices

Dire qu'une matrice dont les coefficients dépendent de n **converge** signifie que chacun de ses coefficients a une limite finie quand n tend vers $+\infty$.

THÉORÈMES

1. Soit M une matrice de transition. Il existe une matrice-colonne C dont les coefficients sont positifs, de somme 1 et telle que $MC = C$.

> À NOTER !
> **C représente un état stable du processus.**

2. Si la suite X_n converge, alors sa limite est L.

THÉORÈME Soit A et B deux matrices. Si la suite de matrices (U_n) vérifiant la relation $U_{n+1} = AU_n + B$ converge, alors sa limite est une matrice L vérifiant $L = AL + B$.

MÉTHODE

Modéliser la démographie d'une ville avec des matrices

Chaque année, dans une région dont la population est globalement constante, 5 % des citadins décident d'aller habiter à la campagne et 1 % des ruraux deviennent urbains.

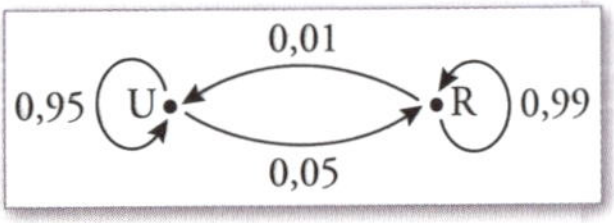

Trouver la matrice de transition M et la matrice de l'état stable C.

SOLUTION

• La matrice de transition s'écrit colonne par colonne ainsi :

$$M = \begin{pmatrix} 0,95 & 0,99 \\ 0,05 & 0,01 \end{pmatrix} \begin{matrix} U \\ R \end{matrix} \quad \text{(colonnes : U, R)}$$

• Cherchons C pour que $MC = C$.

$$MC = C \Leftrightarrow \begin{cases} x = 0,95x + 0,99y \\ y = 0,05x + 0,01y \\ x + y = 1 \end{cases} \Leftrightarrow \begin{cases} 0,05x - 0,99y = 0 \\ x + y = 1 \end{cases}$$

La résolution conduit à $x = \dfrac{1}{6}$ et $y = \dfrac{5}{6}$.

À terme, il y aurait $\dfrac{1}{6}$ d'urbains et $\dfrac{5}{6}$ de ruraux.

> À NOTER !
> **L'état stable est indépendant de l'état initial.**

Quiz express

Cochez la ou les bonnes réponses.

62

Matrices

Dans la suite les lettres majuscules désignent des matrices : A, B, C,… ; I est la matrice identité et la matrice nulle se note 0.

1 Les opérations sur les matrices

☐ **a.** Si A et B sont de même taille, alors $A + B = B + A$.

☐ **b.** S'il est possible de calculer AB et BA, alors $AB = BA$.

☐ **c.** $(AB = 0 \text{ et } BA = 0) \Rightarrow (A = 0 \text{ ou } B = 0)$

☐ **d.** $J = \begin{pmatrix} 1 & 1 \\ 1 & 1 \end{pmatrix} \Rightarrow J^n = 2^{n-1}J \ (n \in \mathbb{N}^*)$.

☐ **e.** Si A et B sont carrées de même taille : $(A+B)^2 = A^2 + 2AB + B^2$.

☐ **f.** Si $D = \begin{pmatrix} a & 0 & 0 \\ 0 & b & 0 \\ 0 & 0 & c \end{pmatrix}$, alors $D^n = \begin{pmatrix} a^n & 0 & 0 \\ 0 & b^n & 0 \\ 0 & 0 & c^n \end{pmatrix} (n \in \mathbb{N})$.

2 Les matrices inverses

☐ **a.** Si $AB - BA = 0$, alors A est inversible et $A^{-1} = B$.

☐ **b.** Si A est inversible, alors $AX = B \Leftrightarrow X = BA^{-1}$.

☐ **c.** $A = P^{-1}DP \Rightarrow A^n = P^{-1}D^nP \ (n \in \mathbb{N})$

☐ **d.** $D = \begin{pmatrix} 2 & 0 \\ 0 & 5 \end{pmatrix} \Rightarrow D^{-1} = \begin{pmatrix} \frac{1}{2} & 0 \\ 0 & \frac{1}{5} \end{pmatrix}$

☐ **e.** Si A est inversible, alors, pour tout $k \neq 0$, $(kA)^{-1} = \frac{1}{k}A^{-1}$.

☐ **f.** Si A et B sont inversibles, alors $(AB)^{-1} = A^{-1}B^{-1}$.

3 Les suites de matrices

☐ **a.** $X_{n+1} = AX_n \Rightarrow X_n = A^nX_0 \ (n \in \mathbb{N})$

☐ **b.** Si chaque terme d'une matrice A_n tend vers 0 alors la matrice A_n tend vers la matrice nulle.

☐ **c.** Si $X_{n+1} = AX_n + B$ et si X_n tend vers L alors $L = AL + B$.

4 Cas particuliers

☐ **a.** $AX = X \Leftrightarrow (A - I)X = 0$

☐ **b.** $(A^{-1})^{-1} = A$

☐ **c.** $(A^{-1})^n = (A^n)^{-1} \ (n \in \mathbb{N})$

Corrigés

Score : ... / 4

1 *Les opérations sur les matrices*

Fiche 59

a. Vrai.

b. Faux. Choisissez deux matrices carrées de même taille pour le vérifier.

c. Faux. Par exemple : $\begin{pmatrix} 1 & 0 \\ 0 & 0 \end{pmatrix}\begin{pmatrix} 0 & 0 \\ 0 & 1 \end{pmatrix} = \begin{pmatrix} 0 & 0 \\ 0 & 1 \end{pmatrix}\begin{pmatrix} 1 & 0 \\ 0 & 0 \end{pmatrix} = \begin{pmatrix} 0 & 0 \\ 0 & 0 \end{pmatrix}$

d. Vrai. Cela se démontre par récurrence sachant que $J^2 = 2J$.

e. Faux. $(A+B)^2 = (A+B)(A+B) = A^2 + AB + BA + B^2$

f. Vrai. Cela se démontre par récurrence.

2 *Les matrices inverses*

Fiche 60

a. Faux. Voir **1. c.** où ni A ni B n'est inversible.

b. Faux. $AX = B \Leftrightarrow X = A^{-1}B$

ATTENTION ! Observez la place de A^{-1} et de B.

c. Vrai. Cela se démontre par récurrence.

d. Vrai. On peut généraliser dans le cas de matrices diagonales dont aucun terme diagonal n'est nul.

e. Vrai.

f. Faux. $(AB)^{-1} = B^{-1}A^{-1}$.

En effet, $(AB)B^{-1}A^{-1} = A(BB^{-1})A^{-1}$

$= AIA^{-1} = AA^{-1} = I$

3 *Les suites de matrices*

Fiche 61

a. Vrai. Cela se démontre par récurrence.

b. Vrai. Par définition.

c. Vrai. $X_n \to L \Rightarrow X_{n+1} \to L$ et $AX_n \to AL$

4 *Cas particuliers*

Fiches 59 et 60

a. Vrai. $AX = X \Leftrightarrow AX = IX$

$\Leftrightarrow AX - IX = 0$

$\Leftrightarrow (A - I)X = 0$

b. Vrai.

c. Vrai. $(A^{-1})^n = (A^n)^{-1} = A^{-n}$

IMPRIM'VERT

Achevé d'imprimer en Italie par L.E.G.O. S.p.A. à Lavis

Dépôt légal : 04433-3/02 – Août 2019

PAPIER À BASE DE FIBRES CERTIFIÉES

s'engage pour l'environnement en réduisant l'empreinte carbone de ses livres. Celle de cet exemplaire est de : 650 g éq. CO_2

Rendez-vous sur www.hatier-durable.fr